SPORTS
PERSPECTIVE
SERIES
2

スポーツガバナンスとマネジメント

相原正道／上田滋夢／武田丈太郎［著］

晃洋書房

はじめに

読み進めればわかるシリーズの発行理由

　高等教育機関における研究教育開発を促進させるため，スポーツ科学における知の創造および学生の理解度を向上させるため，「読みスゝメればわかる教科書〜SPORTS PERSPECTIVE SERIES〜」を創刊した．

　ある経済学者とAO入試の面接官をしていた時に「数学の教科書ってすごいんやでぇ．読み進めればわかるねん」と言われ，"なるほど"と感嘆したことに端を発している．

　なるほど，数学の数式のように整理され，理論的に順序だてて文章が構成されていれば非常に効率的だ．読み進めればわかる教科書ということで，SPORTS PERSPECTIVE SERIESの編集方針を「読みスゝメればわかる教科書」とした．読み進めれば理解できるようになる文章は大切だ．そのような文章を書ける人はごく一部の人に限られる．頭が整理されていて，なおかつ現代語に精通している人である．

　理論派と称される方にありがちなのは，大学生への教育視点が抜けている点である．難解な日本語を多用しすぎるきらいがある．そういう教育者に限って，昔の大学生は学力が高かったと嘆くばかりである．例示が古過ぎて学生が知らないことが多いということはお構いなしなのである．もう一つ付け加えるならば，学生が知らないという反応を講義中に感じられない人である．当世風に言えば，「空気読めない人」である．大学生はいつだって現代の若者という新鮮な"今"という風を教室に吹き込んでくれる．この空気感こそが研究・教育者にとってこの上なく（イノベーション・創造性などにおいて）貴重なものだと考える．難解な理論を現代の大学生にわかるレベルまで整理して説明できるのも教育者としての力量が問われてくる部分だと思うのだが，こうした方々には，初心に

立ち戻り教育研究をした方がよろしいとアドバイスしたいものである．

ただ，学生にも度を過ぎた学生がいるのも事実であることもしかと明記しておきたい（笑）．

他大学の講義を履修できる大学コンソーシアムの取り組みなどはかなり進展しているが，学生はあまり利用していない．学部・学科ごとに入試を行っている影響もあると思うが，学生は自分が所属する大学や学部からあまり出ようとしない．大学コンソーシアムの制度を活用すれば，多様な大学の先生の講義を履修し単位を取得できる．いつも同じ顔ぶれの学生とつるんでいるだけでは，既存知のみで外部の知が吸収できない．したがって，イノベーションはおきにくいのである．こうした教科書を契機に，大学コンソーシアムの制度を活用してもらいたいものだ．

数学の教科書を発端としているため，数学に嫌悪感のある方には馴染まないかというとそうではない．数学で中学や高校で苦しんだ人たちは，数学は正解が一つしかなく，解く方法も決まっている堅苦しい世界を抱くだろう．しかし，同じ問題でも人によって解き方が違う．自分なりに自由に仮説を立てて検証し，失敗すれば別の仮説を試す．それを繰り返すこともできる．繰り返すうちに，山登りでだんだん霧が晴れていくように本質が見えてくる．そこにも，数学の楽しさがある．

最近，考える力が養えると大人向けの数学セミナーが人気があるのも頷ける．"異才の数学者"と呼ばれた岡潔は，「数学は情緒だ」と説いた．数学には論理だけでなく，感性も必要なのだろう．社会のあらゆる分野で発想の自由さと独創性が求められる現代だからこそ数学は輝きを放つ．文系の人こそ数学に向いているのではないだろうか．

先ずは，本書で読み進めながら学び，その後，自由に仮説を立てて検証しよう．山登りで霧が晴れた時，スポーツで技術を習得した時のような気分を教科書で体験しよう．そのようなことを考えてこの教科書シリーズは誕生した．

この本の構成

 本書において,第1章では,私(大阪経済大学 相原正道)が,大学におけるガバナンスとマネジメントを題材とした.日本版NCAA構想における大学経営者に対する問題点を明記している.ガバナンス変革が求められる日本の大学経営の現状を述べた後,英国大学における調査結果から,経営陣による強いリーダーシップについてまとめている.その後,日本の大学スポーツの課題と大学スポーツアドミニストレーターの具体像をあげ,最後に,日本の大学におけるイノベーション経営について論述している.

 第2章では,追手門学院大学の上田滋夢先生がサッカーを例示しながら,スポーツのガバナンスを記述している.先ずは,ガバナンスとはなにかについて定義し,スポーツのガバナンスについて解説している.次に,スポーツにおけるガバナンスにおける歴史的形成過程からみるガバナンス,FAの設立におけるガバナンス,英国4協会のガバナンス,FIFA設立時にみるグローバル・ガバナンスについて客観的な分析をしている.その後,スポーツにおける多様なガバナンスの概念構造について,FIFA(国際フットボール連盟),UEFA(ヨーロッパフットボール連盟),NFL/MLB(ナショナル・アメリカンフットボールリーグ/メジャーリーグ・ベースボール),Jリーグ(日本プロサッカーリーグ),レッドブル・グループ,シティフットボール・グループのガバナンスの概念構造について説明している.最後に,スポーツのガバナンスのまとめ,ガバナンス論における問題点とスポーツにおけるガバナンスの目的や枠組みを記載している.

 第3・4・5章では,新潟医療福祉大学の武田丈太郎先生が,地方都市の事例をもとに,スポーツマネジメントを具体例から学べるように丁寧に記述している.

 第3章では,十日町市におけるスポーツによる地域活性の取組みとして,十日町市の概況を述べ,クロスカントリースキー,女子レスリング「桜花レスリング道場」,サッカー「クロアチアピッチ」,陸上競技「夏合宿」「十日町長距離カーニバル」および十日町雪まつりなどの十日町市のスポーツ環境について

記述している．次に，十日町市スポーツコミッションの設立と活動についてまとめ，新たな取組みとしてFC越後妻有の挑戦について述べている．

　第4章では，新潟市におけるスポーツによる地域活性の取組みついて，新潟市の概況を述べた後，文化・芸術活動やスポーツ施設，新潟市とスポーツ，行政の取組みなどのスポーツ環境について説明している．次に，新潟市文化・スポーツコミッションについて，事業活動・事業形態・現在の取組み・支援内容・実績について分析している．

　第5章では，生活に密着したスポーツ環境として，野沢温泉村とスキーを取り上げている．野沢温泉村の概況について，野沢温泉と野沢組，野沢会，湯仲間を述べた後，野沢温泉スキークラブ，リゾート開発とスキー場，長野県のスキー場の現状，野沢温泉スキー場の民営化，および，株式会社野沢温泉による改革と業績推移を論述している．最後に，次世代への取組みとして，保育園・小学校・中学校の一貫教育である野沢温泉学園を紹介している．

　2018年6月

相　原　正　道

● スポーツガバナンスとマネジメント——目次

はじめに

1 大学におけるガバナンスとマネジメント……1
　——日本版NCAA構想における大学スポーツの懸念——

▼ *1.* ガバナンス変革が求められる日本の大学経営　（1）

　2. 英国大学における経営改革　（2）
　　　——経営陣による強いリーダーシップ——

　3. 日本の大学スポーツの課題　（3）

　4. 大学スポーツアドミニストレーターの具体像　（6）

　5. 日本の大学におけるイノベーション経営　（9）

2 スポーツのガバナンスとはなにか？……13

▼ はじめに　（13）

　1. ガバナンスとはなにか？　（14）

　2. スポーツにおけるガバナンス　（17）
　歴史的形成過程からみるガバナンス／FAの設立におけるガバナンス／英国4協会のガバナンス／FIFA設立時にみるグローバル・ガバナンス

　3. スポーツにおける多様なガバナンス概念の構造　（24）
　FIFA（国際フットボール連盟）のガバナンスの構造／UEFA（ヨーロッパフットボール連盟）のガバナンスの構造／NFL/MLB（ナショナル・アメリカンフットボールリーグ／メジャーリーグ・ベースボール）のガバナンスの構造／Jリー

v

グ（日本プロサッカーリーグ）のガバナンスの構造／レッドブル・グループのガバナンスの構造／シティフットボール・グループのガバナンスの構造

4. スポーツのガバナンスとは　　(54)

ここまでのまとめ／ガバナンス論における問題点／スポーツのガバナンスの目的

お わ り に　　(59)
　　　——スポーツガバナンスの枠組み——

3　地域の資源とスポーツを活用したまちづくり　……… 65
　　　——十日町市の取組み——

1. スポーツツーリズムと地域スポーツコミッション　　(65)

2. 十日町市の概況　　(66)

3. 大地の芸術祭　越後妻有アートトリエンナーレ　　(68)

4. 十日町市のスポーツ環境　　(71)

クロスカントリースキー／女子レスリング「桜花レスリング道場」／サッカー「クロアチアピッチ」／陸上競技「夏合宿」と「十日町長距離カーニバル」／十日町雪まつり

5. 十日町市スポーツコミッションの設立経緯　　(74)

6. 十日町市スポーツコミッションの活動　　(76)

7. 新たな取組み　　(78)
　　　——FC越後妻有の挑戦——

まとめにかえて　　(79)

4 文化・スポーツイベントによる地域の活性化 ………85
―新潟市の取組み―

▼ *1.* 新潟市の概況　　(85)

2. 文化・芸術活動　　(86)

3. スポーツ環境　　(87)
スポーツ施設／新潟市とスポーツ／行政の取組み

4. 新潟市文化・スポーツコミッション　　(91)
事業活動／事業形態／現在の取組み／支援内容／実績

まとめにかえて　　(98)

5 生活に密着したスポーツ環境 ……………105
―野沢温泉村とスキー―

▼ *1.* 野沢温泉村の概況　　(105)

2. 野沢温泉スキークラブ　　(107)

3. リゾート開発とスキー場　　(108)

4. 長野県のスキー場の現状　　(109)

5. 野沢温泉スキー場の民営化　　(110)

6. 株式会社野沢温泉の改革と業績推移　　(113)

7. 次世代への取組み　　(115)
　　―野沢温泉学園（保・小・中の一貫教育）―

おわりに　　(117)

おわりに　　(123)

1 sports governance & management
大学におけるガバナンスとマネジメント
──日本版NCAA構想における大学スポーツの懸念──

1. ガバナンス変革が求められる日本の大学経営

　日本の大学は国際化やIT（情報技術）時代を担う人材教育で後れを取り，世界をリードしてきた科学技術でも陰りが見え始めている．この状況を変えるには何が必要なのか．大学が自ら強みを見つけ，それを伸ばす将来像を描くことが欠かせない．国頼みの姿勢や横並び体質から脱却する必要もある．特色ある戦略を打ち出すためには，ガバナンス（統治）改革が第一歩となる．

　有力教育誌や専門機関が発表する世界の大学ランキングによると，日本から上位100校に入るのは東京大学や京都大学などの数校だけである[1]．中国やシンガポールの大学が急伸しているのに比べ，日本の大学は外国人教員や留学生が少ないなど国際化の遅れが目立つ．2013年の政府の成長戦略には，「今後10年以内に世界の大学ランキング上位100校に日本から10校以上が入る」と盛り込まれ，文部科学省は国際化の重点校を選定している．しかし，官の支援頼みでは実効性に疑問が残る．大学が自ら将来像を描き実践していく必要がある．確かに制度を設計するのは文部科学省の役割であるが，個々の大学の戦略づくりに国が口を挟むのではなく，大学の自主性を最大限引き出すようなガバナンス改革を実践していくべきである．

　2015年に学校教育法などが改正され，「教授会は意見を述べるが，最終決定は学長が下す」とガバナンス改革に踏み出している．しかし，ガバナンス改革

はまだ不十分であると言わざるを得ない．学長や理事長が強いリーダーシップを発揮することが重要となる．

2. 英国大学における経営改革
――経営陣による強いリーダーシップ――

　英国の大学において2012年のオリンピック・パラリンピック競技大会は，大学に革新をもたらす契機となっている．英国の大学は国内外における評価や知名度を高め，大会終了後もレガシーの創出へとつなげている．理事会は経営感覚を備え，経営戦略に基づく投資を欠かさない．グランドや寮などの施設における投資して利益を回収している．2017年1月30日から2月3日までの期間で，英国5大学（イースト・ロンドン大学，ボーンマス大学，カーディフ・メトロポリタン大学，マンチェスター・メトロポリタン大学およびシェフィールド・ハラム大学）への著者をはじめとするメンバーの訪問調査により明らかになった．

　こうした背景には，英国政府が1992年に，職業教育を中心としたポリテクニック（Polytechnic：技術専門学校）を大学へ昇格させたことがあげられる．1980年代の大学進学率は15％に過ぎなかったが，2010年の大学進学率は45％にまで拡大した［苅谷：2012］．英国大学は進学率の向上に伴い新入生の獲得が激化した．これにより，顧客である在学生の顧客満足度を向上させる施策を展開している．具体的には，特徴的なカリキュラム開発とインターンシップ体験である．特徴的なカリキュラムを開発し顧客満足度の向上を図ることはもとより，大学広報にも役立てている．こうした大学の広報により，国内外の新入生を獲得している．国外への情報発信において，英国の母国語である英語が寄与していることは間違いない．カリキュラムの質的な向上を図り，世界中から優秀な新入生を獲得することで大学ランキングの向上を目指している（図1-1）．

　このようにして好循環を起こし，良質の学生を獲得するために大学経営を重要視してきた．日本の学長や理事長にも強いリーダーシップを発揮して挑んでもらいたい．

Background

1992年以降、ポリテクニックを大学へ昇格

英国大学ランキング競争激化

新入生獲得競争

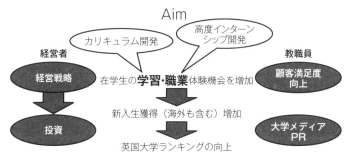

図1-1　英国5大学における総括

(出所) 筆者作成．

3. 日本の大学スポーツの課題

　日本の大学におけるガバナンスが問われる中，大学スポーツにはどのような問題点があるのだろうか．現在の大学スポーツにおける問題点は，次の3つの側面がある．第1は，スポーツが経営資源として活用されるようになったことである．大学全入時代が到来し，大学間の学生獲得競争は熾烈となっている．生き残りをかけた大学経営が行われる中，スポーツも例外ではなく，経営資源として活用されるようになった．しかし，スポーツの活用法は，主に学生募集等のための広告宣伝色が強く，経営戦略として位置づけているとは言い難い状況である．

　スポーツは，大学にとってイメージ戦略のメディアとして格好の存在である．大学スポーツを活用した広報，いわゆるスポーツ広報と呼ばれるものである．従来，野球，サッカー，ラグビー，アメリカンフットボール，駅伝，陸上，水泳，柔道といった大学スポーツは，大学広報の宣伝材料として積極的に活用

されてきた．大学に所属するチームや学生アスリートが活躍すれば，大学のステイタスの上昇とその年の受験生が増えるとまことしやかに囁かれている［苅谷：1997］．こうした広告宣伝を目的とした広報では，競技における成績を上げ（勝利至上主義），様々なメディアに取り上げてもらうことで，主に受験生向けに知名度やブランド・ロイヤリティーを高めることをその主眼においてきた．

　岡本［2006］によると，これまでも大学の経営資源として大学スポーツを活用することは，私学を中心に検討されてきた．優秀な監督やコーチを招聘するとともに，全国からスポーツ推薦制度を利用して才能あるアスリートをリクルーティングし，メディアを通して大学の広告宣伝に利用する方法である．特に，野球，ラグビー，駅伝，サッカーなどの競技で活発に行われている．

　それゆえ，国内の高校有名選手は名門運動部の争奪対象となり，近年では発展途上国からのアスリートを斡旋するスカウト業まで現れているようだ．友添［2006］は「今や大学にとっても，また学生アスリートにとっても，スポーツがビジネスとなり，大学がアスリートを奨学金名目で雇用し，大学で安手のスポーツビジネスが実践されている感すらある」と指摘している．

　第2は，大学が推薦入試などのスポーツ政策を活発に行う一方で，大学の運動部員による様々な不祥事が顕在化してきたことである．古くから運動部における問題は，「4年生・神，3年生・天皇，2年生・平民，1年生・奴隷」といわれる［玉木：2006］，理不尽な上下関係に象徴されるような体罰やいじめといった暴力行為である．その要因として，多様化するスポーツ政策とそれに伴う大学数の増加があったと考える．これまで教育的指導がなされていたことが，対外的目的（広告宣伝や勝利至上主義など）を重視した結果，倫理・道徳教育が疎かになり，このような問題を頻発させている．学生に対する入学後のケアという意味では，大学運動部の指導は指導者に任せて全く関与していないのが現状であろう．山本［2009］によると，監督やコーチといった指導者を専門職として雇用し，専門化することで競技力は飛躍的に向上し，短期間で運動部の強化を行うことができる．そして，そのことが急速に日本のスポーツ競技レベルを

向上させたことは否めない.しかし,専門化するだけで,指導者の教育の質は問われなかった.かつて日本のスポーツが学校教育の中で教育目標に則した形態で発展を遂げたが,現在はルールの遵守と一般社会の規範の遵守を同一視していた倫理・道徳教育は失われつつあるという.

　第3は,運動部員の学業不足である.米国における大学スポーツでは,NCAA（National Collegiate Athletic Association）が学生アスリートの成績を把握し,成績不良者にはペナルティが課せられる制度があり,日本でも同様な制度を設ける意見がある［岡本：2006；友添：2006；山本：2009］.しかし,NCAAの資金力や統括体制,日米における大学のカリキュラムの差違などを比較すると,早期の実現は困難であろう.まずは各大学が自助努力することで実施すべき時期であると考える.学業不足の問題は,学生アスリート自身の問題が多分にあるが,大学としては学習支援として関与していくべき課題である.このような事態が今後ますます進行するのであれば,大学スポーツの存在意義そのものが問われてくるだろう.

　もちろん,学業不足は運動部員だけの問題ではなく,一般学生も同様である.大学進学率は高まったが,不本意入学者が増え,せっかく入学した大学を退学する者も少なくない[2].学生が入学後の大学生活をどのように過ごせるのかが,大きな課題となっている.スポーツ推薦制度同様,大学経営における入口重視政策による弊害が生じている.

　大学全入時代が到来し,大学間の学生獲得競争は熾烈となっており,生き残りをかけた大学経営が行われる中にあり,スポーツも例外ではなく,広告宣伝として活用されるようになっている.しかし,スポーツの活用法は,主に学生募集等のための広告宣伝色が強く,経営戦略として位置づけているとは言い難い状況である.わずかに,岡本［2006］は,大学スポーツにおける経営資源の要素を提示しているが,経営戦略について検討がなされていない.

　大学が推薦入試などのスポーツ政策を活発に行う一方で,友添［2006］は大学の運動部員による体罰やいじめといった暴力行為などの様々な不祥事が顕在

化してきた,としている.また,玉木[2006]は運動部員の学業不足も深刻な課題となっていると指摘する.しかし,友添[2006],玉木[2006]は,大学スポーツの問題点を指摘しているのみで,経営戦略について述べているわけではない.

4. 大学スポーツアドミニストレーターの具体像

これらの問題を解決する方策としては,前述の英国の大学が好例となろう.良質の学生を獲得する好循環を起こすために,まず在学生の顧客満足度を向上させる施策を展開している.具体的には,特徴的なカリキュラム開発とインターンシップ体験である.特徴的なカリキュラムを開発し,学生の満足度を向上させ,大学広報にも役立てるべきである.大学の広報においては,国内だけでなく,国外の新入生の獲得を目標にすべきである.日本の学長や理事長にも強いリーダーシップを発揮して挑んでもらいたい.

大学体育会運動部のみのスポーツ政策ではなく,一般学生も含めて,経営戦略における手段として,スポーツを用いることを検討すべきである.各大学は,「建学の精神」や現在につながる教育理念に基づいて,入学(入口)から教育研究内容(中身),キャリア支援(出口)まで,一貫した経営の中にスポーツを組み込んで検討すべきである(図1-2).このことこそが,大学最大の差別化となり,大学スポーツの活路になると考える.

大阪経済大学で導入するならば,主体となる組織を設定する大学スポーツア

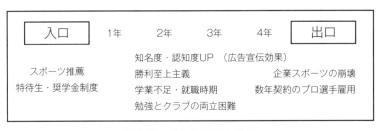

図1-2 学生運動部の現状

(出所)筆者作成.

図1-3 大阪経済大学のスポーツアドミニストレーター案

(出所) 筆者作成.

ドミニストレーターを設置し組織運営を実施する．大阪経済大学では「人間的実学」を教学の理念として高く掲げ，個性的な教育を目指し，「自由と融和」という建学の精神を堅持している．教職員と学生のつながり，活発な研究活動，地域・国際社会とのつながりなど，具体的な制度や学風に現れており，つながる力"を重視している．特に，ゼミ，マナー，就職の3点を掲げている．そこで，ゼミ，マナー，就職に活用できる戦略を展開して，教育カリキュラム開発に活かしていけばよいと考える（図1-3）．

組織運営の主体となる大学スポーツアドミニストレーターは，米国版NCAAでは「Athletic Director」と呼ばれる存在で，英国では「Director of Sports」という存在である．大阪経済大学のスポーツアドミニストレーターは学生部に位置付けられ，主な業務内容としては，広報を含めた情報発信，キャリアサポート，ブランディング，外部資金獲得となるだろう．

大学には教員と職員がいるが，近年の大学改革では「大学リサーチアドミニ

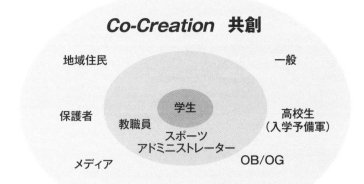

図1-4 大学におけるステークホルダー

(出所)筆者作成.

ストレーター」や「地域連携コーディネーター」などが「専門的職員」に設置されている.教育として「するスポーツ」の指導に特化している大学体育教員は外部資金の導入については専門外であるため,専門家が求められる.また,USR(University Social Responsibility)[3]の向上のため,大学生のためだけでなく,地域住民にも提供できるサービスへ拡大していくべきである.

　情報発信においては,スポーツ文化振興を促進するため,学生,職員,保護者,OB・OG,地域住民,メディア,一般および高校生などが集まる「プラットフォーム」の場として,交流が活発化する仕組みを創出できるだろう.SNSによる情報共有は必須である.つながりの中で『共有・参加・情報拡散』することで,一体となった共創関係を築き上げていく(図1-4,図1-5).

活動内容

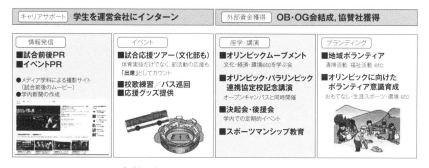

図1-5　大学におけるアドミニストレーターの活動事例
（出所）筆者作成．

5. 日本の大学におけるイノベーション経営

　イノベーションにつながるアイデアは「既存の知と別の既存知の新しい組み合わせ」によって生まれる．これはイノベーションの父であるジョセフ・シュンペーター以来，経営学における基本原理の1つである．人はゼロから何も生み出せないので，常に「まだつながっていない何かと何か」を組み合わせる必要がある．ただ，人の認知には限界があるので，やがて「目の前の知と知の組み合わせ」は尽きる．したがって，それを克服するには「自分から離れた遠くの知を幅広く探し，自分の知と新しく組み合わせる」ことが何より重要となる．これを専門用語で「知の探索（Exploration）」と呼ぶ．

　知は人が持つものである．新卒一括採用で，同じような人材が終身雇用で会社に居続けるといった従来の日本企業では，発想が似通った人材が集まりやす

く，異なる知と知の組み合わせが起こりにくい．学内で精鋭を集めてイノベーション推進室などを作ってみても思うような成果が出ないのは，このためである．これまでの日本企業の仕組みは欧米へのキャッチアップを目指した20世紀には通用したが，イノベーションが求められる現代では最も不向きな仕組みとなっている．日本がイノベーションを起こす知の探索を進めるには従来と正反対のことをしなければならない．

　イノベーションを起こす方法は2種類ある．1つは，発明した技術をもとに，困難な問題を解決する方法である．もう1つは，困難な問題を解決するために技術を発明し，応用する方法である．前者の考え方は技術中心の日本的なスタイルで，必ずしも消費者のニーズと新技術が合致しないという弱点がある．一方，後者の考え方は，米国ではデザインシンキングと呼ばれる開発スタイルである．問題を発見することから始め，その解決策を見出すことで新たな価値を生み出す．重要なのは，革新的な技術ではなく，それを何のために使用するかということである．

　解決策を見出すにはチームワークが重要で，なおかつ専門性や背景が異なる人材でチームを構成することだ．米国スタンフォード大学の医療機器関連のプロジェクトでは，エンジニア，医師，経営者，科学者などを目指す学生でチームを構成していたそうだ．背景の異なる人材が交流することこそダイバーシティの醍醐味である．日本のゼミ学習でも背景の異なる人材を交流させてみてはいかがだろうか．

注
1）『日本経済新聞』朝刊34面：2017年9月6日．
2）日本私立学校振興・共済事業団［2005］の調査によると，不本意入学における他大学への再受験，不本意入学における引きこもり，および，不登校等の理由により，他大学への転出・進路変更・再受験が21％存在する．
3）私立大学社会的責任研究会は，大学の社会的責任（USR：University Social

Responsibility）を「大学が教育，研究等を通じて建学の精神等に柔軟に応え，その結果を社会に説明・還元できる経営組織を構築し，教職員がその諸活動において適性な大学運営を行うこと」と定義している．

参考文献

岡本純也［2006］「大学運動部の現在」『現代スポーツ評論』14.

苅谷春郎［1997］「これでいいのか──当世大学スポーツ事情──」『正論』299.

苅谷剛彦［2012］『イギリスの大学・ニッポンの大学』中央公論新社.

私立大学社会的責任（USR）研究会［2008］『USR入門──社会的責任を果たす大学経営を目指して──』宝印刷.

高谷邦彦［2013］「全入時代の大学広報戦略」『名古屋短期大学研究紀要』51.

竹内光悦［2010］「大学広報における広報媒体の効果測定とその展開」『実践女子大学人間社会学部紀要』6.

玉木正之［2006］「大学はスポーツを行う場ではない」『現代スポーツ評論』14.

友添秀則［2006］「大学スポーツという問題」『現代スポーツ評論』14.

日本私立学校振興・共済事業団［2005］「学校法人基礎調査」.

山本順之［2009］「大学におけるスポーツの役割に関する研究──大学スポーツの変遷と発展──」『社会文化研究所紀要』（九州国際大学），64.

2 sports governance & management
スポーツのガバナンスとはなにか?

▼はじめに

　本章は，スポーツにおけるガバナンス (Governance) の問題について論じるものである．日本において，そもそもの「ガバナンスとはなにか」という根本的な問題を議論したものは少ない．その中でも政治学や公共政策の研究者による「ガバナンス論」は見られるものの，この背景には国家や政府という「ガバメント」による「統治・統制」という一元的な概念に対する反論構造が根底に伺える．先人の知見には限定的，もしくは条件付きでの議論となっている場合が多い．これらは，何かを表現するための言葉が造作されたにもかかわらず，言葉そのものが概念を規定してしまい，日本では「ガバナンス」の訳語として「統治」や「統制」がガバナンスの概念として定着してしまったのである．そのため，「ガバメント」への言及と同じ流れを持つものとも捉えられる．

　また，「ガバナンスとはなにか」という問いは，その概念を問うものであるが，「統治」や「統制」のメカニズム（機能），システム（機構，組織形態）などの機能論の総称として答える場合が多々見られる．これも，「統治」や「統制」という訳語による概念枠組みから発生したものであり，「統治」や「統制」のためのメカニズムやシステムと混同されて一般的理解が拡がっている．すなわち，現在における日本の「ガバナンス」の理解は，「概念なき機能論」へと偏向していると言えよう．本章で論じる「ガバナンス」は，これらの枠組みを原

点に戻して言及することとしたい．

　特に，本章の主題である「スポーツのガバナンス」に関して，近代スポーツは階層や階級を超える「人々の営み」として発生し，現代社会においては人種や民族，宗教をも超える「枠組み」として存在することから，現在流布している「ガバナンス＝統治（統制）」の概念では捉えきれない人間の行為の総体でもある．「スポーツのガバナンス」を理解するにあたって，「ガバナンス＝統治（統制）」の概念から論じるならば，スポーツに関わる統制のメカニズム，システムだけに言及することとなり，「スポーツのガバナンス」の本質的な理解に到達できなくなる可能性が高い．一方，スポーツそのものやファンをも含めた視点を加えると「スポーツの存在論」への言及となってしまう．そこで本章では，あくまでもスポーツ組織体（組織）や集団に関わる「ガバナンス」を論じるものとする．

1. ガバナンスとはなにか？

　日本においては1990年代後半より，「ガバナンス」という用語がビジネスシーンにおいて頻繁に聞こえるようになった．これらに使用される殆どの場合はコーポレート・ガバナンス＝企業統治のことを指すが，「コーポレート」の部分が省略されて，「ガバナンス」の部分だけが流布された．「ガバナンス」の概念の一部分でしかない「統制」，いわゆる「統治や統制のメカニズム，システム」を意味していた．

　2000年代に入り，この「ガバナンス」に関しては，2004年の国立国語研究所による「第3回『外来語』言い換え提案」にて明記されている．2011年に政府の諮問機関である文部科学省中央教育審議会大学分科会によって「中央教育審議会大学分科会のこれまでの主な論点」（2011年8月24日）に「学内ガバナンス強化」という文言が記され，その後の2012年，同分科会大学教育部会「予測困難な時代において生涯学び続け，主体的に力を育成する大学へ（審議まとめ）」（2012

年3月26日)の中に「全学的な教学マネジメントとガバナンスの確立」,さらに,2013年には同組織運営部会にて「大学のガバナンス改革の推進について(審議まとめ)」(2013年12月24日)と文中から題目へと引き上げて使用されたことにより,マスメディアを通じて,一挙に「ガバナンス」は拡がった.2013年の「審議まとめ」の文脈では,学長の強いリーダーシップなどがあげられており,1990年代のビジネスシーンとは若干異なった,強い「統制」,もしくは「統制」の中心となる役職(学長)による「統治」を明確にした意であった.これも「ガバナンス」の一部でしかない.政府=「ガバメント」によって「大学のガバナンスの改革」を意図した審議であるため,「ガバナンス」=「ガバメント」と同様であるかの如く表示し,一層の混乱が発生した.

この「ガバナンス」であるが,前述の国立国語研究所による「第3回『外来語』言い換え提案」(2004年)によると,国民の全体の1/4は「ガバナンス」の意味が理解できていない」という報告であった.2017年においても,ボタンの掛け違いのまま,もしくはある部分の意味だけが1人歩きして,「ガバナンス」という日本独自の概念によって形成された日本語になってしまっている.

政治学者のM. ベビア [Bevir 2012:邦訳 4] は以下に定義する.

> ガバナンスとは,政府によるものであろうが,市場によるものであろうが,ネットワークによるものであろうが,また,その対象が家族であろうが,種族であろうが,公式の組織であろうが,非公式組織であろうが,地域であろうが,さらには,依って立つ原理が法であろうが,規範であろうが,力であろうが,言語であろうが,とにかく,ありとあらゆる『治める』というプロセスを示す言葉である.

また,M. ベビアの定義は,翻訳の野田牧人による「治める」という言葉の選択により,「ガバナンス」の中心概念を見事に表現している.これは,「統治,統制,管理等」に含まれる強制的な力だけでなく,「喧嘩を治める,家庭を円満に治める,民衆を治める」などにみられる「調整・調和等の民意」が含まれ

表2-1　M. ベビアの定義を要素分類

誰が（who）	＝「政府，市場，ネットワーク」
何を（what）	＝「家族，種族，公式組織，非公式組織，地域，ありとあらゆるもの」
何のために（why）	＝「治めるために」
どうやって（how）	＝「法，規範，力，言語」

(出所) ベビア［2012］より筆者作成.

た，現実的汎用性を持っている.

そこで,「ガバナンス」を理解するために，もりひろし（新語ウオッチャー；現代用語の基礎知識）による,「誰が（who）」「何を（what）」「何のために（why）」「どうやって（how）」の要素に分類する方法を援用して，先述のM. ベビア［2012］の定義を分類したものが表2-1である.

このように，どの様な「ガバナンス」においても，これらの要素に分類することにより，その概念が明確となる.

「ガバナンス」という概念は，歴史上，比較的新しい現象に関して使用されている．現代社会の特徴ともいえるグローバリゼーションにみられるように，様々な主体が絡む現代の諸相において,「ガバナンス」は「調整・調和」の意の割合が高くなっている．国家や政府による制度や法を用いた上から下（トップダウン）のベクトルによる「統治，統制，管理」では，その意図とは逆に「ガバナンス」が保てなくなっているからである．とはいえ，民衆などから湧き上がる下から上（ボトムアップ）のベクトルにおいては,「なにを（what）」という主体が多岐に渡り，また広範囲となってしまう．そのような状況の中,「なにを（what）」という主体は多様化するだけでなく複雑化し,「ガバナンス＝統治」の理解では対応できない現象となっている．これら両方向の文脈を活かした分類を可能とする言葉が「治める」である．そのため，本章では，ベビアの定義に従い，ガバナンスとは「ありとあらゆる『治める』というプロセスを示す言葉」という広義な理解にて論を進める.

2. スポーツにおけるガバナンス

　日本において,「スポーツにおけるガバナンス」の議論が発生したのは,残念ながら不正や倫理違反にまつわるネガティブな状況を是正,公正するための文脈からであった.各スポーツ競技団体は,暴力,八百長,賭博などの反社会的な事象への対応や再発防止策として,コンプライアンス問題には必ず「ガバナンス」という言葉を使用した.その言葉をマスメディアが二次的,三次的に利用し,記号化された一般用語へと変化させ,本来の「ガバナンス」の概念を大きく逸脱する意味化(記号化)した.そのため,「スポーツにおけるガバナンス」は「統治,統制,管理」の意によって広く行き渡り,日本では,世界でも希に見るほど「スポーツにおけるガバナンス」の概念が矮小化され,世界の研究者達が議論を活発化させている「スポーツにおけるガバナンス」とは全く異なる現象や事象に限定されてしまっている.

　本章では,「ガバナンス」本来の概念への回帰が最大の命題であるため,日本とは異なった概念からガバナンスを構築したモデルを用いて,「スポーツにおけるガバナンス」の理解を促したい.

歴史的形成過程からみるガバナンス

　近代スポーツは産業革命とともに成立した.しかし,N. エリアスやダニング [Elias and Dunning 1986] によるフィギュレーション(歴史的形成過程)の観点からすると,近代スポーツの成立そのものが「スポーツにおけるガバナンス」と言える.これは,英国におけるフットボールの歴史を紐解くことにより,「誰が (who),何を (what),何のために (why),どうやって (how)」が明確になる.各地域や民族から発生した民俗フットボール (Folk Football) は,キリスト教社会における安息日(日曜日)の午後に行われる催事として,同地域(キリスト教区)内で競われていたが,19世紀に入ると,徐々に他地域とのゲーム (Game/試

合)となり,他地域との交流と競争の行事となっていった.ここで興味深いことは,各地域によって競技の決まり事(競技ルール)が微妙に異なっていたことである.不文律として,招いた地域(ホスト側)の競技ルールによってゲームは営まれていた.招かれた地域(ゲスト側)の競技ルールを使用することはなかった.儀礼的に,今回招かれた地域(ゲスト側)が,次回には前回のホスト側地域を招き,ホスト側とゲスト側地域が入れ替わるのが慣例となった.ホーム&アウェーの発想である.このように両者の競技ルールを交換することによって,既に「ガバナンス」が確立されていたことが確認できる.

その後,各地域同士の直接的な交渉から営まれたゲームから,複数の地域同士が協議し,対抗戦の発想が生まれた.これは,現在の日本で行われているリーグ戦と同じ形態を持つものである.しかしながら,この両者は全く異なった「ガバナンス」の発生を起源とするものである.

地域内のゲームから,他地域との対抗戦,その拡大化によってリーグが形成されていったという,極めて「自然な過程による組織(リーグ)形成」である.日本に見られる,1964年の東京オリンピックに向けて発足した日本サッカーリーグ(Japan Soccer League ; JSL),1993年に始まった日本プロサッカーリーグ(Jリーグ)で行われているリーグ戦では,始めに組織が形成され,その後にチームが設置された「制度的な組織形成」であり,概念が大きく異なる.どちらも「ガバナンス」として「治める」というプロセスに差異はないが,その発生に見られる概念的差異は大きい.そこで,**表2-2**のように「誰が(who),何を(what),何のために(why),どうやって(how)」の要素にて分類することにより,両者

表2-2　英国と日本のフットボールリーグにおけるガバナンス概念の相違点

	英国	日本
誰が(who)	複数地域のクラブ	リーグ組織
何を(what)	ゲーム	各クラブ
何のために(why)	競争(興じる)	リーグの成立
どうやって(how)	対抗戦(リーグ)	制度や要件

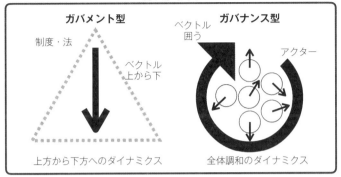

図2-1　ガバナンスの方法論の枠組みとイメージ

（出所）筆者作成.

の差異が明確となる.

　すなわち，英国における「組織の形成過程」は，あくまでも歴史的変容に準じた「ガバナンス」である．上記に見られるよう，その主体（アクター）は関係する地域全てであり，そのアクター間でのダイナミクス（力学）に差異はない．

　一方，日本において，主体はリーグ組織であり，その従事者（セクター）として各チームが参加・参入するため，ダイナミクスとしては上から下へのトップダウンとなる．すなわち，制度や法を基盤として統治を行う「ガバメント（政府）」の手法といえる（図2-1）．「ガバナンス」の概念において，制度によって治めるという方法は，「ガバメント」であり，広義の「ガバナンス」の一部でしかない．つまり，「ガバナンス＝ガバメント」ではないということである．

FAの設立におけるガバナンス

　フットボールとラグビーの分離も「スポーツにおけるガバナンス」の理解を深めてくれる現象である．1863年10月26日は，大学でフットボールに興じる若者達によってフットボール協会（Football Association；FA/イングランドフットボール協会）が創設された日である．それまでは様々なルールによって行われてい

たフットボールを，統一したルールによって「治める」ことに向けた最初の会議が開かれた．その背景には「フットボールが今以上の発展を遂げるためには，一般に適応できる包括的なルールが必要であり，そのことによって現在異なるルールで戦うことから引き起こされる混乱や論争を取り除くべきだと訴えていた」[Lanfanchi, Eisenberg, Mason, et al. 2004：邦訳 15] という「ガバナンス」の意図が伺える．

その後，ケンブリッジで協議されたルールがFAのルールとなったものの，1871-72年シーズンに行われた，最初のFAチャレンジ・カップ（FAカップ）が開催されるまで，ラグビー・ルール（ボールを持って走ることが許された）によってプレーするチームや「多くの試合はその地元独自のルールと伝統的なルールの寄せ集めの状態で行われていた」[Lanfanchi, Eisenberg, Mason, et al. 2004：邦訳 16] のである．しかし，1871年にラグビー・フットボール協会が設立されて完全に分化され，1877年に独自のルールにてプレーしていたシェフィールド協会がFAルールを受けいれ，フットボールの英国内での普及と共にFAの影響力は増していった．

「ガバナンス」の観点からすると，FAの設立後もラグビー・ルールや地方独自のルールでゲームが行われており，一部の統制は行ったものの効果は無かった．むしろFAへの反意を持つチームの方が多く，「ガバメント」の手法では「治める」ことができなかったということである．チャールズ・オルコックがFA事務局長に就任すると，以下の方法によって大衆の支持を得て，ラグビーとの覇権争いに勝ち，「治めた」のである．

① ルール（規則）の矛盾の撤廃と改訂ルールの認知の促進を図った
② ラグビーとの差別化を図るため，荒さを控えて若者に共感を得た
③ カップ戦を行い，地域社会間の対抗心を産み，興奮と競技の場を提供した

これらのFAの「ガバナンス」において，上記①②③の「どうやって（how）」

表2-3 FAのガバナンス

誰が（who）	組織（FA）
何を（what）	各クラブ
何のために（why）	組織への参加
どうやって（how）	他者の要求の受容 他者の欲求の喚起

（出所）筆者作成．

の部分に着目すると（**表2-3**），制度や規制による「ガバメント」の手法ではなく，①ではそれぞれの組織が持つルールの矛盾に言及し，組織同士の衝突を回避するためのルール改訂という共通の意識を醸成し，他組織の要求にも応えたFAルールを共通化させた．②ではフットボール組織の外にある競合（ラグビー）との争いという点に目を向けさせ，競合との差別化により新たな支持層を取り込みやすい状況を創り，各組織の承認の欲求を大きな枠組みとしてのフットボール組織（FA）という意識に転換させた．③では，フットボールの発生の源である競争の場を創り，共通のルールによる各組織の勝利の希求に応えた．

これらをまとめると (1) 他者の要求の受容, (2) 他者の欲求の喚起が見られる．

また，FAの「ガバナンス」の根底に流れるダイナミクスの特徴は，組織形態としてはFAが組織の統轄者であるものの，FAからのトップダウンでは「治める」ことが難しく，各チームもアクター（主体）であることを受容している点である．すなわち，各アクターの要求を受容すると共に，各アクターの欲求を喚起する下から上へのベクトル（ボトムアップ）を上手く取り入れたことが確認できる．

英国4協会のガバナンス

このように，フットボールの系譜を辿ると「スポーツにおけるガバナンス」の源流が確認できる．例えば，英国の4協会は「調和とバランス（牽制）」という概念を顕著に表している．フットボールとして初の国内統括組織を目

指したFA（イングランド協会）は1863年に設立，次いで1873年にスコットランド協会（Scottish Football Association；SFA），1876年にウエールズ協会（Footballl Association of Wales；FAW），この3協会に遅れて1880年にアイルランド協会（Irish Football Association；IFA）が設立された．かつて，この4つの地域は全く異なる文化を持つ国々として存在し，後にグレートブリテン（英国）へと包摂された歴史を持つ．これらの地域において，既にフットボールは娯楽を超え，"The Only Game（ただのゲームではない）"と呼ばれ，民衆の支持を完全に得ていた [Forsyth 1990]．

　FAは，他の3協会が所在する地域においても，フットボールが民衆のアイデンティティの形成に影響を及ぼしていることを重視し，各協会の独立性を担保しながら，フットボールのルールの変更に関するコミュニケーション・プラットフォームとして，国際フットボール評議会（International Football Association Board；IFAB）を1882年に設立した．ラグビーとの乖離や共通ルールへの統合で苦慮したFAは，他協会の要求を受容する場を創るとともに，フットボール組織の始祖として，FAルールの標準化の意志を貫いた．

　すなわち，FAは他の3協会との関係性において，かつて，制度や規制を推し進めたために対立構造が生まれた経験を活かして，各アクターの存在否定に繋がる「統治・統制」ではなく，「場（プラットフォーム）」を創ることによって諸問題を「治める」という「ガバナンス」が確認される．

FIFA設立時にみるグローバル・ガバナンス

　1904年に国際フットボール連盟（Federation International de Football Association；FIFA）は，フランス総合スポーツ連盟の事務局長であったロベール・ゲランの提唱によって，フランス，オランダ，スイス，デンマーク，ベルギー，スウェーデン，スペインの7カ国が集まり設立された．その目的は以下である．

　　①FIFAが国際試合の開催を可能とする唯一の組織であることの承認

② ルールの標準化
③ 参加者が各国フットボールを統括する唯一の協会であることの相互承認

　興味深いことに，FIFAは1905年にFA（イングランド協会），1910年にSFA（スコットランド協会）とFAW（ウエールズ協会），1911年にIFA（アイルランド協会）の加盟を承認している．先に設立されていた英国4協会との関係性は，設立当初は非常に緊張感を持った状態であったが，FAルールの遵守とルールの改編はIFABに従うことを条件に，英国4協会で最も発言権のあるFAを取り込むことに成功し，その後のSFA，FAW，IFAの加盟に結びつけた．一方で，1913年にFIFAがIFABに参加することとなった．そのため，FIFAは，その目的にある「ルールの標準化」を可能にし，国際試合を標準ルールに基づいたゲームとして開催が可能となった．さらに，「各国を統括する唯一の協会」であることを承認することは，各国がFIFAを「国際試合の開催を可能とする唯一の組織」であることの相互承認でもあった．つまり，この相互承認により，FIFAが国際試合の開催を唯一統括することが可能となったのである．
　ここで2つの矛盾点が指摘される．1つ目が，ルールの標準化はIFABの専権事項であり，FIFAは一委員でしか関わることができない点．2つ目は，FIFAは「各国」のフットボールを統括する組織の集合体でありながら，英国の4協会（地域協会として捉えられる）の加盟を承認したことである．この英国4協会の承認は，現在でも続いている．この2つの矛盾点の受容と許容が，FIFAの「ガバナンス」の概念の柱ともなっている．
　2017年現在，FIFAは211の主権地域が加盟する組織である．対比される組織として，1945年に設立された国際連合（United Nations；UN）は193カ国である．可視化されるデータからは，FIFA加盟数の方が国際連合を大きく上回っていることがわかる．しかし，国際連合の枠組みは「主権国家」であり，FIFAの枠組みは「主権地域」である．この概念は英国4協会の加盟から始まるものとして，

当初より国家，制度，民族，宗教を横断したガバナンスを形成している．

現代社会においては，文明の発達（情報技術，輸送手段の進歩など）や市場のボーダレス化により，「ガバメント＝国家」の概念枠組みだけでは捉えきれなくなり，「ガバナンス」という概念が必要になった．その中でも，国家，制度，民族，宗教を横断した，国際的な関係性（ネットワーク）を治めるものが，グローバル・ガバナンスである．このような観点によると，FIFAはグローバル・ガバナンスそのものといえる．すなわち，FIFAの形成過程からもわかるように，各アクターの存在を，既存の枠組みから逸脱した存在として受容する「ガバナンス」が「スポーツにおけるガバナンス」では確認される．

3. スポーツにおける多様なガバナンス概念の構造

ここまでは，スポーツ，とりわけ世界で最大規模のファンを持ち，現代社会に大きな影響力を持つフットボールの系譜を辿り，その「ガバナンス」の概念枠組みを動態的に論じてきた．ここからは，既に「ガバナンス」が確立されている組織から，「スポーツにおけるガバナンス」の考察を行いたい．その際の分析視点として，以下の2点を挙げる．

① 構造的特徴＝構造自体の特性に着目したもの
② 概念的特徴＝誰が（who），何を（what），何のために（why），どうやって（how），の要素に分類して導出したもの

FIFA（国際フットボール連盟）のガバナンスの構造

FIFAは211の主権地域（以後，NFA）が加盟する組織である．国際連合の193カ国を上回り，同様のスポーツのガバナンス組織である国際オリンピック委員会（The International Olympic Committee：IOC）の206の国と主権地域加盟数をも凌ぐ，世界最大のグローバル・ガバナンス組織である．1904年の創設以来，数々の大戦や紛争が発生してきたにもかかわらず，政治的中立を保持し，ナチスの台頭，

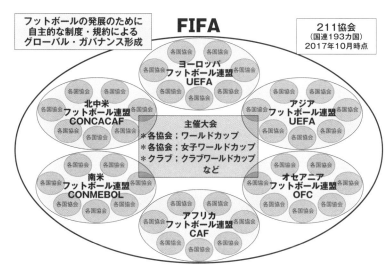

図2-2　FIFAのガバナンスの構造

(出所) 筆者作成.

大戦後の共産圏諸国の成立，東西冷戦，数々の旧宗主国と独立国家との緊張関係，イスラエル問題，2つの中国問題などを，フットボールという1つのボールを挟んで競うゲームによって治めてきたのである．

＜構造的特徴＞

各NFAはFIFAに加盟するものの，各大陸連盟にも加盟している．各大陸連盟も各NFAを束ねていると言う点で，単純なハイアラーキー（階層）構造とは言い難い（図2-2）．それは，各NFAの代議員としてFIFA理事が選出されることに由来する．

まず，各大陸連盟に所属する各NFAから，各大陸連盟理事が選出され，その中からFIFA理事が選出されるシステムとなっている．各NFA→各大陸連盟→FIFAという選出構造である．

特徴的な構造として，FIFA会長は，FIFA理事が絶対条件ではないことである．FIFA傘下のNFAにて登録されたプレーヤー（選手）やFIFAの事業に関

第 2 章 スポーツのガバナンスとはなにか？　25

わる活動を行い，5つのNFAからの推薦があれば立候補が可能なことである（FIFA Governance Regulations, Article48, 2016）．

　また，日本の認識においては，FIFAにあるアドミニストレーション（Administration）機能，すなわち事務執行部門であるアドミニストレーション・オフィス（事務局）がFIFAの施策を立案，執行する機能を持つとの誤解を生じさせてきた．これは，ガバメント以外の「治め方」であるガバナンスの不理解であり，日本の官僚体制（ガバメント）と同じ行政機能であると誤解をしてきたためである．

　2016年2月にFIFAはガバナンスの大改革を行った．FIFAのスタチュー（規定）とレギュレーション（規約）を基盤に，会長（President）は加盟国全体の調和を促進させる比重が増えたのである．その会長を含めたカウンシル（Council：議会）が執行権を持っており（FIFA Governance Regulations, Article8-14, 2016），アドミニストレーションのトップであるゼネラル・セクレタリーが執行権を行使しているのではない．ここは日本における司法・行政・立法による3権分立における国民の代理監視者としての行政機構とは異なり，アドミニストレーション・オフィスによる決定権，執行権は無い．カウンシルの決定事項を遂行するためのマネジメント組織という理解が正しい．そして，ゼネラル・セクレタリーは，そのマネジメント組織の最高責任者という構造である（FIFA Governance Regulations, Article15-16, 2016）．

　すなわち，FIFAのガバナンスの構造的特徴は，会長（President）を含めた37人のカウンシル・メンバー（全大陸連盟ならびに各大陸選出による女性メンバーが各1人）の合議決定によるガバナンスである．このように，日本における代議員の権限行使を，国民に代わって合理性と法（規定・規約）に基づいて監視する役割を持つ官僚制と，FIFAにおけるアドミニストレーション・オフィスは「国民に代わって（ここでは全NFA）」という位置付けではなく，カウンシルの決定を遂行するに当たってという点で根本的な違いがある．民間企業の目的である利潤追求とは異なるものの，民間企業と同様の構造と機能であり，FIFAにおける公共利益の追究のためのガバナンスであり，その執行のためのマネジメントを行

うアドミニストレーション・オフィスという構造的特徴を持つ．

＜概念的特徴＞

FIFAの存在意義を規定するものとして"FIFA Statutes（FIFAスタチュー）"があり，その中の"Article2：Objectives"を確認すると，以下のa-gの7項目に渡ってその目的が明記されている（FIFA Statutes April 2016 edition, Article2：Objectives）．

FIFAの目的は
- a．常にフットボール競技を改善し，その統一的，教育的，文化的，および人道的価値に照らし合わせて，特にユース年代や開発プログラムを通じて，フットボール競技をグローバルに推進することである．
- b．FIFA独自の国際競技大会を開催することである．
- c．フットボール競技，ならびに関連事項を統治するレギュレーション（規程）や規則を作成し，その執行を保証することである．
- d．FIFAのスタチュー，レギュレーション，意志決定，ならびに競技規則への侵害を防ぐために，適切な手段を用いて全種類のフットボールを統括することである．
- e．ジェンダーや年齢に関係なく，フットボール競技への参加を希望する全ての人々にとって，利用可能な資源であることを保証するために，最大限の努力を払うことである．
- f．女性のフットボールの発展と全てのレベルのフットボールのガバナンスにおいて，女性の参加を促進することである．
- g．競技，大会，プレーヤー，スタッフ，そして加盟協会の健全性を危うくする，またはフットボールを悪用する，汚職，ドーピング，もしくは競技の不正操作に関わる全ての手法や慣行を妨ぐために，インテグリティ（高潔さ），倫理，フェアプレーを推進することである．

表2-4　FIFAのガバナンス

誰が（who）	FIFA
何を（what）	多様な主体を
何のために（why）	フットボールの発展と拡大
どうやって（how）	国際競技大会の主催

(出所) 筆者作成.

　FIFAの設立目的は、「フットボールの発展」・「国際競技大会（当時はヨーロッパを中心とした）の開催による組織の拡大」であった。現在ではその枠組みが拡大しているが、根本的な存在意義は「フットボールの発展」に集約され、そのための「国際競技大会の主催」である。これらの目的を具現化する際の各NFAや各大陸連盟間の社会的調整弁としてのガバナンスである。

　特に、FIFA主催の国際大会は、世界最大のスポーツイベントとして位置付けられ、各大陸連盟予選を勝ち抜いたNFA代表チーム（以後、代表チーム）に参加権が付与され、世界一のNFAを争うFIFA World Cup（以後、FIFAワールドカップ）やFIFA Women's World Cup（以後、FIFA女子ワールドカップ）などがある。

　また、近年では、世界のフットボール文化の中心となっているのはクラブチーム（以後、クラブ）である。そのクラブ世界一を決めるFIFA Club World Cup（以後、CWC）の主催も事業の中で重要度を増している。各NFA傘下の中心にはクラブが存在する。クラブはリーグに加盟し、そのリーグでの覇権を争う。その覇者が各NFAを代表するクラブとなる。その後、各大陸連盟の代表クラブを巡って、リーグやトーナメント方式によって競われ、最終的な勝者が大陸代表クラブとしてCWCの出場権を得ることとなる。CWCでは、各大陸代表クラブがトーナメントにて世界一を競う。

　ここで、FIFAのガバナンスの概念を明確にするため、「誰が（who）、何を（what）、何のために（why）、どうやって（how）」の要素にて分類したのが**表2-4**である。

すなわち，FIFAは，制度や法（規定・規約）によって各NFAや各大陸連盟を統治することが目的ではなく，「フットボールの発展と拡大」，「スポーツを通して教育的，文化的，人間的存在価値を総合的に発展」することを目的としたグローバル・ガバナンスである．その方法論として，国際競技大会の主催，女性のフットボール環境の整備，インテグリティ・倫理・フェアプレーを促進し，ドーピングやゲームを堕落させるもの，フットボールの価値を下げるものを阻止するために，自主的な規定や規約を制定するというガバナンスの概念的特徴が見られる．

UEFA（ヨーロッパフットボール連盟）のガバナンスの構造

ヨーロッパフットボール連盟（The Union des Associations Européennes de Football；UEFA）はFIFAに所属する1大陸連盟である．1954年6月15日に設立され，現在では55カ国（主権地域含む）が加盟する（2017年10月現在）．FIFAとUNの関係同様に，Europian Union（EU）の28カ国（2017年10月現在）を遙かに超える加盟数である．EU圏内全域の市民を抱えるUEFAは，FIFAとは違ったガバナンスの特徴を持っている．

＜構造的特徴＞

UEFAはFIFA傘下の6つの大陸連盟の1つであり，FIFAに加盟するヨーロッパ大陸の各NFAが加盟している．しかしながら，FIFAの構造と全く異なるところと同様な部分とが見られる．

図2-3に見られるように，重要なステークホルダーにヨーロッパ・クラブ協会（European Club Association；ECA）とヨーロッパ・プロリーグ協会（Association of European Professional Football Leagues；EPFL）が含まれていることである．

図2-4の組織図によると，会長（President）とエグゼクティブ・コミッティー（Executive Committee）がUEFA加盟のNFAによる全体会議（Congress）で選ばれる．会長がチェアマン（Chairman；議長）となるエグゼクティブ・コミッティー

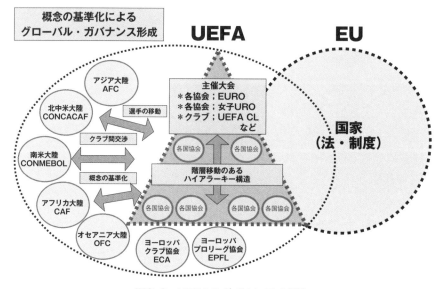

図2-3　UEFAのガバナンスの構造

(出所) 上田滋夢 [2016：11] を改編.

にUEFAの業務に関わる決定権と執行権が付与される．エグゼクティブ・コミッティーと会長との関係性や権限は，企業のコーポレート・ガバナンスにおける株主と取締役会の組織構造と同様である．すなわち，FIFAのカウンシル (Council) と同様であるのがUEFAのエグゼクティブ・コミッティーであると言えよう．但し，UEFAの特殊性は，この決定・執行権を持つエグゼクティブ・コミッティー（会長+16人のメンバーに1人以上の女性メンバー）にECAとEPFLのメンバーが入っていることである．

　UEFAの主な主催大会は，ヨーロッパにおける各NFAのチャンピオンを決めるヨーロッパ選手権 (EURO) と，FIFAワールドカップ大陸予選，アメリカンフットボールのプロリーグであるNFL (National Football League；NFL) に匹敵する参与者と経済活動が行われるUEFAチャンピオンズ・リーグ (UEFA Champion's League；UCL) が挙げられる．UEFAは全世界のプレーヤーが活躍を求めて移籍し，名実共に世界最高峰の闘いの場となっている．

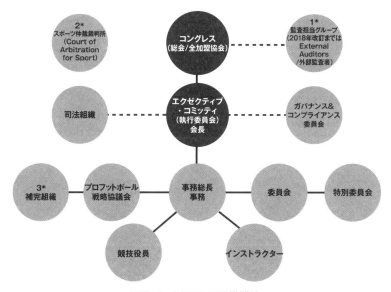

図2-4　UEFAの組織構造

(注) 1* UEFAスタチュー第46条を参照．
　　2* UEFAスタチュー第60条から63条を参照．
　　3* UEFAスタチュー第2条に関わる目的に対してエグゼクティブ・コミッティによって創設される＜UEFAイベント(株)，UEFAクラブコンペティション(株)に関わる件はクラブコンペティション委員会に報告される＞．
(出所) UEFA.com (http://www.uefa.com/insideuefa/about-uefa/，2018年5月8日閲覧) より筆者作成．

　ECAとEPFLがエグゼクティブ・コミッティーに入っている理由として，代表チームで活躍するプレーヤー達は，通常の活動は自らが所属（契約）するクラブで行っている．言い換えると，彼らの給与を払っているのはNFAやUEFAではなくクラブである．そのため，クラブの存在と理解なくして，代表チームの存在はない．同様に，クラブ同士が競うリーグ戦を運営するのはプロリーグである．このプロリーグの存在と理解なくしてUCLは成立しない．これらの影響を考えると，UEFAの決定にECAとEPFLの意志が含まれない場合は，クラブ不在，リーグ不在の状況でのEUROやUCLとなる．つまり，ゲームが開催されない＝リーグが成立しなくなるのである．

　また，別の視点では，UEFAが抱えている問題として，経済活動に勝るヨー

ロッパの強豪クラブが集まり，独自リーグを創設してUEFAから脱退し，UCLに参加しなくなる可能性を抱いていることである．これは，FIFAを巻き込み，全世界のフットボール界に多大なる影響を及ぼす事象である．FIFAは，UEFAとEPFLのどちらを擁護するのか，ECAの主張を擁護するのか，という囚人のジレンマ状態に陥る．代表チームの選出や日程の調整等，すべてにおいてのガバナンスの崩壊をもたらす危険性は現実である．

　すなわち，UEFAのガバナンスの構造的特徴は，社会的調和に包摂される「牽制」の意も含まれているといえる．

＜概念的特徴＞

　UEFAは2009年3月にデンマークのコペンハーゲンで行われた，第33回通常全体会議にて11Values（11バリューズ）を発表した．

① Football first（フットボールの優先）
② Pyramid structure and subsidiarity（組織の階層構造と相互補完性）
③ Unity and leadership（融合とリーダーシップ）
④ Good governance and autonomy（グッドガバナンスと自治権）
⑤ Grassroots football and solidarity（フットボールの普及と連帯）
⑥ Youth protection and education（ユース年代の保護と教育）
⑦ Sporting integrity and betting（スポーツの崇高な精神と賭け）
⑧ Financial fair play and regularity of competitions（収支均衡と競技の安定開催）
⑨ National team and clubs（代表チームとクラブ）
⑩ Respect（人間の存在に対する敬意）
⑪ European sports model and specificity of sport（ヨーロッパのスポーツモデルとスポーツの特殊性）

(UEFA. com：11 Values)

UEFAのガバナンスの概念を導出するのに，非常に解りやすい文言である．単語が対になり，矛盾するかの様相であるが，UEFAの求める姿が表れている．また，UEFAの置かれている立場を明確に示すものでもある．

　①においてUEFAはフットボールを中心に置いて活動をすることを宣言している．フットボールは商品である前にゲームであり，マーケットである前にスポーツであり，ビジネスである前にエンターテイメントであることを表している．FIFAのピラミッド構造に従いながらも，フットボール組織としての自治を守るために相互補完性を重視することを②にて明記し，フットボールにおける共同体の意識とリーダーシップをもたらし，民主的であり，透明性，秩序を保ち，政府の介入をさせない自治権の行使を③④で表明している．

　⑤⑥⑦⑧はフットボールが他の経済活動と同様に市場経済に巻き込まれながらも，フットボールの草の根レベルからの発展とUEFAによるフットボールの価値の創出，次世代を見据えたユース年代の保護と育成があげられている．また，スポーツには崇高な精神が包摂され，そのスポーツを対象とした賭はフットボールの活動資金のために重要であるが，大いなる危険性を孕んでいることの理解を促している．さらに，フットボールは常に敬意を持たれて来たが，実際の経済活動において，クラブの収入を超えた積年の負債による経済的破綻からもたらされるクラブの消滅や降格は，競技運営に大きな影響を及ぼし，リーグ等の安定的開催が困難となり，フットボールそのものの価値を下げてしまうことを示唆している．

　⑨の代表チームとクラブは，フットボールの魅力をEU市民に提示するための最大のツールであるが，代表チームの日程とクラブ（リーグ）の日程の問題や，代表チーム活動時のクラブへの休業補償など，1人のプレーヤーを2つのチームが保有するために発生する問題を表している．しかし，代表チームとクラブが両輪であることをも明示している．

　⑩⑪は，多元的な要素を抱えるUEFAは，それぞれがアクター（主体）であり，全ての人間に対する敬意を示す文言が"Respect"である．その帰結とし

表2-5 UEFAのガバナンス

誰が（who）	UEFA
何を（what）	多元的な主体や政府
何のために（why）	フットボールの発展
どうやって（how）	概念の基準化 （ヨーロッパのスポーツモデルとスポーツの特殊性）

(出所）筆者作成.

てリスボン条約（2007年12月13日署名，2009年12月1日効力発生）にも明記された"European sports model and specificity of sport（ヨーロッパのスポーツモデルとスポーツの特殊性）"という概念を用いることでまとめられている．

そこで，UEFAのガバナンスの概念を明確にするため，「誰が（who），何を（what），何のために（why），どうやって（how）」の要素にて分類すると表2-5のようになる．

2016年のBREXIT（英国のEU離脱）に見られるように，EUの統一性や相互補完関係には脆弱性が見え始めている．難民問題の現実により，その多様性と多元性が問われたのである．しかし，既にUEFAは設立時より，多国籍，多民族による融合という観点で，移民（スポーツ移民）の問題を抱えていた．近年では1995年のボスマン判決により，EU内の労働者の移動は自由となった．2003年のコルパック判決により，当時の東欧諸国他にも門戸を開かざるを得なくなった．既にこれらの事象で，現在のEUと同様の課題を突きつけられていたのである．更に，市場経済への過度な荷担から，フットボールそのものの存在意義を問われ，EU政府との度重なる交渉により，EU法の枠組みとは異なるファイナンシャル・フェアプレー（Financial Fair Play：FFP）制度（クラブの収支均衡制度）を確立したのである［上田・山下 2013］．これらを俯瞰すると，多元的な主体や政府を，「ヨーロッパのスポーツモデルとスポーツの特殊性」という概念を基準化することによって治めたグローバル・ガバナンス，その主体がUEFAであることが確認される．

NFL/MLB（ナショナル・アメリカンフットボールリーグ/メジャーリーグ・ベースボール）のガバナンスの構造

　近代スポーツの発祥の地であるヨーロッパは，フットボールを中心としたスポーツの地図を完成させた．一方，アメリカではスポーツを自国の国民性に適応させて変容してきた系譜が見られる．その中でも，特徴的なものがアメリカンフットボールのNFLであり，クリケットを起源に持つと言われているベースボール（野球）のメジャーリーグ・ベースボール（Major League Baseball：MLB）である．これらのガバナンスはヨーロッパの概念とは異なった「スポーツにおけるガバナンス」を我々に提示している．

　＜構造的特徴＞
　NFLとMLB（NFL/MLB）においては，図2-3のUEFAの構造で確認された，上位リーグと下位リーグのクラブ（チーム）の戦績による入替え戦，すなわち階層移動のあるハイアラーキー構造（階層構造）とは，大きく異なる特徴が2つ見られる（なお，アメリカにおいては「クラブ」という表記ではなく，その成立過程における概念から「チーム」と表記することとする）．
　1つ目は，スポーツの主体であるチーム［上田 2017］を最上位レベルのみに特化したリーグ構造を持つことである（図2-5）．
　UEFAに加盟するクラブは，年間シーズンの成績により，階層移動がある．各リーグにより差異はあるものの，その構造は同様である．プレーヤーはクラブの昇格，降格に伴って，他のクラブへの移籍を頻繁に繰り返す2重の構造を持つ．
　一方，NFLとMLBは、この階層移動がない構造となっている．MLBはAAA（3A），AA（2A），A（1A）と呼ばれる下位に属するリーグを持つものの，3Aのチームが MLBに移動することはない．また，UEFA内のカップ戦のように，アマチュアや下位リーグのチームがトーナメント戦を勝ち進み，1部リーグの強豪クラブと公式戦を行う事はない．あり得るのは，シーズン中（年度中）に

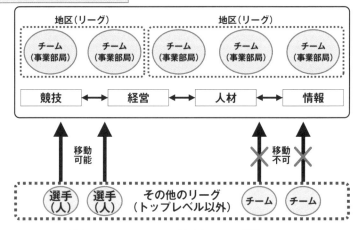

図2-5　NFL/MLBのガバナンスの構造

(出所) 上田滋夢 [2016：93] を改編．

プレーヤーが階層移動をするだけである．すなわち，トップレベル(最上位レベル)の階層に特化し，その特化した階層を維持する構造となっている．

2つ目は，各チームが個々の独立した事業主体でありながら，リーグ全体としては1つの企業体と同様の構造に設計されていることである．NFL/MLBは独自のレギュレーション（規約）も持つ．両者に微妙な規約の差はあるものの，その構造を維持する概念に差異はない．

このように，FIFAやUEFAにおけるガバナンス（グローバル・ガバナンス）とは全く異なった概念からの構造的特徴を抱くものであり，ガバナンスの方法論としてはコーポレート・ガバナンス（企業統治）と言うことができよう．

<概念的特徴>

NFL/MLBのガバナンスの概念的特徴には「経営の健全化」と「コンペティティブ・バランス（格差排除）」という概念が見られる．これらを明確に表す制度に触れたい．これらは構造的特徴の領域とも捉えられるが，「経営の健全化」

と「コンペティティブ・バランス(格差排除)」の概念を具現化する制度であるため，概念的特徴として述べたい．

大きくは各チームのプレーヤーの人件費総額が一定の割合で規定され，NFLではサラリー・キャップ(Salary Cap)，MLBでは規程に緩やかさを持つためソフト・キャップと言われる．一方で，プレーヤーの人件費総額が規定額を超えた場合に課されるラグジュアリー・タックス(Laxuary Tax)と呼ばれるペナルティー課金が設定されている．また，全てのチームの収入がリーグの一括管理の下，リーグ経費を除いた額をチーム数で割り，分配金として各チームの収入とするNFLと，各チームの収入から球場経費等を除いた額に，一定の割合(年次更新あり)にて一端リーグに集約させ,その合計額を総チーム数で割り，各チームへの分配金とするMLBのレベニュー・シェアリング(Revenue Sharing)制度がある．

これらは，過度な投資によるチームの存続が危ぶまれることを防ぐ，「経営の健全化」が目的である．また，資金力を背景に，ある一定のチームのみが能力の高いプレーヤーを獲得・保持することを防ぐコンペティティブ・バランス(Competitive Balance：各差排除)が目的でもある．

これらの根底には，「リーグ(ゲーム)の価値」を如何に高価値にして維持できるか，という概念が伺える．リーグ全体を1つの企業として見るならば，「商品の価値(商品価値)」を如何に高く維持していくことができるかという概念とも理解される．

各チームが独自のガバナンスでリーグに参加すると，基本的に資金力のあるチームが勝利を重ね，リーグを制覇することは説明の余地がない．年俸の高いチームに良いプレーヤーが集まることは自明である．同様に，プレー環境も，資金力のあるチームが良い環境を確保できることとなる．このことは2つの問題を発生させる．

1つ目は，資金力のあるチームに対抗するため，いくつかのチームが過剰な資金投入を行い，既存のチームより成績が上回った場合は「追い抜かれたチー

表2-6　NFLとMLBのガバナンス

誰が（who）	NFL/MLB
何を（what）	リーグの構造と制度
何のために（why）	リーグの商品価値の維持
どうやって（how）	勝敗の不確定性の創出

（出所）筆者作成．

ム」が，追い抜けなかった場合は「追い抜けなかったチーム」が，更に資金を投入する問題を発生させることである．これは資金力のあるチームも「不健全な経営状態」へと陥らせることとなる．

2つ目は，固定されたチームがリーグ制覇を繰り返すと，ファンにとってリーグ総体への魅力を薄めてしまう問題を発生させることである．これは，総体的な観客数の停滞を引き起こし，ファン離れを産み出す．この連鎖は市場価値へと直結し，リーグの「商品価値」の低下をもたらす．すなわち，リーグの「商品価値」とは「ゲームの価値」であり，「ゲームの魅力」とは「勝敗の不確定性」である．この「勝敗の不確定性」が観客を熱狂させ，魅了するが，勝敗が予測できる「ゲーム」に観客は魅了されず，固定されたチームがリーグ制覇を繰り返すことは停滞を招くこととなる．

NFL/MLBは，これらの問題を発生させないための概念からガバナンスを構築していることが理解できる．

そこで，NFL/MLBのガバナンスの概念を明確にするため，「誰が（who），何を（what），何のために（why），どうやって（how）」の要素にて分類すると**表2-6**のようになる．

現在までの形態的な構造や機能論に基づく研究において，NFL/MLBのガバナンスの概念は企業組織と同様のコーポレート・ガバナンスであると言及されてきた．しかしながら，概念的特徴で述べてきたように，NFL/MBLのガバナンスは「スポーツの本質的な魅力とは何か？」という「自らへの問い」である．

アメリカ国民の余暇の最大の関心事（National Passtime）としての「ゲーム」．その魅力の源が「勝敗の不確定性」であることを熟知し，同時に「勝敗の不確定性」を創出する限り，「リーグ（ゲーム）の商品価値」は下がらないという概念の具現化装置として，コーポレート・ガバナンスの形態を用いたということを理解せねばなるまい．

なぜなら，アメリカそのものが資本主義経済に基づき，日々の市場経済からの影響を受けているにもかかわらず，格差を前提とした資本主義思想を否定するラグジュアリー・タックスやレベニュー・シェアリングの概念には，大いなる違和感を抱かざるを得ない．また，これらの制度は日本の独占禁止法に似た，アメリカの反トラスト法に抵触する疑念は常に抱かれている．MLBでは，1922年の早期に，この疑念による訴訟が起こり，特別措置（アメリカ合衆国最高裁判所，259U. S200, 1922）による除外判決が出されている．これらの一連の事象は，論理的整合性が担保できているとは言い難いが，NFL/MBLは，最も企業統治（コーポレート・ガバナンス）に近いガバナンス形態をとりながら，最も「スポーツの本質的な魅力」に照射したガバナンスの概念的特徴を持っている．

Jリーグ（日本プロサッカーリーグ）のガバナンスの構造

1993年に公益社団法人日本プロサッカーリーグ（以後，Jリーグ）が開幕し，日本においてもプロ野球発足以来の本格的なプロスポーツリーグが誕生した．本章の執筆時には24年目のシーズンを終えようとしている．当初は10クラブから始まったJリーグであったが，1998年までに18クラブへと増加し，1999年からJ1，J2の2部体制，2014年にJ3を創設し，現在，J1=18クラブ，J2=22クラブ，J3=14クラブ，合計54クラブのリーグとなっている．

＜構造的特徴＞

Jリーグの構造的特徴として，各クラブが公益社団法人日本プロサッカーリーグ（Jリーグ）の社員であることがあげられる．各クラブが独立採算を行

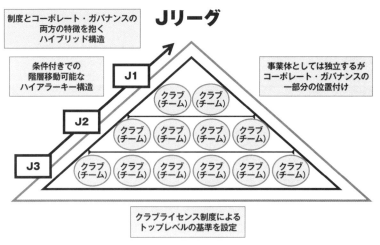

図2-6　Jリーグのガバナンスの構造
(出所) 上田滋夢 [2016：97] を改編.

いながらも，Jリーグの1社員として，公益法人の発展に寄与することを求められている．

　また，当初よりJリーグへの加盟要件が厳格に定められており，2013年に「Jリーグクラブライセンス制度」が定められ，Jリーグへの入会希望時のみならず，毎年56項目に渡る審査基準を通過したクラブのみが，クラブライセンスを再承認されるシステムとなっている［Jリーグ 2014］．

　すなわち，各クラブはJリーグ加盟のために，業界団体の規定・規約を遵守せねばならず，加盟後も団体内での基準審査を受け，状況によっては無観客試合や下位リーグへの降格等のペナルティーを課される．各クラブは独立した法人（事業主体）でありながら，Jリーグへの参加ができなければ，事業主体そのものの存在意義が無くなることもあり，Jリーグが一事業体と同様の構造になっている．その際，あくまでも社団内での規定・規約であり，NFL/MLB同様に，法的には懐疑的な部分もあるが，事業そのものがリーグへの参加が必要条件であるため，構造的にはNFL/MLBによるトップレベルに特化したコーポレート・ガバナンスの方法に類似している（図2-6）．

一方で，NFL/MLBと全く異なる構造として，J1，J2，J3（その下位構造はJapan Football League：JFL）に見られる階層構造になっており，クラブ，プレーヤー共に階層移動が可能である．この構造はUEFAに見られる構造と同様であるが，上位階層への移動（昇格）の際は，「クラブライセンス制度」に基づいた，上位階層のライセンスが承認されていなければ移動は成立しない．
　つまり，Jリーグの構造的特徴はNFL/MLBによるコーポレート・ガバナンスとUEFAに見られる階層移動が可能なハイアラーキー構造が融合し，日本独特のハイブリッドな構造（ハイブリッド構造）によるガバナンスである．

＜概念的特徴＞

　Jリーグは，1988年3月に，当時のJSLに設置された「JSL第1次活性化委員会」を源とし，同年10月に「JSL第2次活性化委員会」，1990年8月にJFA（日本サッカー協会）内に「プロリーグ検討委員会」へと移管され，1991年3月に川淵三郎を室長とした「プロリーグ設立準備室」がJFAに設置され，同年11月に「社団法人日本プロサッカーリーグ（Jリーグ）」が誕生した．
　このような経緯を持つJリーグであるが，UEFAやNFL/MLBのガバナンスとは概念が発生した環境の違いが見られる．Jリーグのガバナンスの場合は，UEFAによる「多元的な主体やEU政府の存在」，NFL/MLBによる「ナショナル・パスタイム（National Passtime）」とは異なり，「JSL第1次活性化委員会」を設置した背景には，当時のJSLの役職者達による「日本サッカー（フットボール）を盛んにし，強くしたい（普及と強化）」という実直な思いからであった．その思いの帰結が「プロリーグ＝Jリーグ」であった．
　そこで，Jリーグのガバナンスの概念的特徴を理解するにあたって，「誰が（who），何を（what），何のために（why），どうやって（how）」の要素にて分類したものが**表2-7**である．
　この要素分析に違和感を抱く諸兄を想像するのは容易である．なぜなら，ガバナンスの理解にあたって，その機能や形態のみを「ガバナンス」という言葉

表2-7　Jリーグのガバナンス

誰が（who）	JFA（の有志達）
何を（what）	日本のフットボール（サッカー）
何のために（why）	普及と強化
どうやって（how）	プロリーグの創設

(出所) 筆者作成.

に置換して記号化しているからである．組織の設立には目的が必要である．その目的に賛同，参画して組織が形成される．逆説的に言うと，目的のない組織はない．しかしながら，機能と形態にのみ「ガバナンス」と言う言葉が使用されるため，本来の組織の目的に照射せぬまま，「ガバナンス」という言葉による概念の枠組みが形成されて「ガバナンス」が理解されているのである．すなわち，Jリーグ創設の目的は，日本のフットボールの「普及と強化」が主であり，主体はJリーグそのものである．

また，各クラブの成立にも概念的特徴が確認される．1964年の東京オリンピックのための強化策として，企業の福利厚生の範疇で始まったのがJSLである．JFAの「プロリーグ設立準備室」から，プロ化のための事前打診時も，JSLの各クラブでは，福利厚生や社会貢献の発想しかなかった．当時，ベンチマークする対象としてプロ野球が存在したが，プロ野球自体が企業の宣伝広告や本来事業のためのニュースソースや輸送事業の顧客獲得を目的として行われていたため，プロスポーツという事業モデルがなく，福利厚生や社会貢献が「専業化」したものという捉え方であった．そのため，各クラブにとってのJリーグは，業界団体や互助会のイメージが強かったのである［広瀬 2004］．

Jリーグは，プロリーグの設立のために理念を優先した．始めに目的の遂行（普及と強化）のために参加制限と選考を行った．プロクラブとして商品価値を維持するためにリーグが主体となり企業統治に類似したコーポレート・ガバナンスの形態をとった．次に競技成績に応じて階層移動のあるUEFAの形態をと

り，これら両モデル（形態）を融合させるハイブリッドな方法を選択したのである．単一形態では有機的であっても，融合させることにより，ガバナンスの下位概念としてのマネジメント（運営・運用・管理）に多くの問題点や矛盾点が含まれていたが，「普及と強化」のためには異論を挟める者はいなかった．その帰結として，**図2-6**に見られるハイブリッド型のガバナンスの形態となったのである．

　すなわち，まずプロリーグの成立を前提条件として，「理念（普及と強化）」を達成するというガバナンスの概念的特徴が抽出される．

　2000年代に入り，スポーツ，とりわけフットボールと市場経済の関係は大きく変容した．かつてはフットボールが主導権を握っていたが，市場経済，特に経済資本（資本家や企業）が主導権を握るようになった．そのため，ガバナンスの主体がフットボールから経済資本へと移っていった．近代フットボールの成立，プロプレーヤーやプロクラブの誕生には，経済資本による援助や支援が行われたことが史実として確認される．しかしながら，この2000年代初頭からの市場経済の流入は，現代社会におけるグローバル化と同様に，フットボール（スポーツ）もボーダレスでグローバルな空間へと拡大した経済資本（企業）に主体を明け渡すこととなった．

　そこで，この後は，グローバル化にともなって発生した2つのガバナンスを提示したい．1つ目は多様なスポーツへの投資を行う飲料水製造・販売企業であるレッドブル（Red Bull Gmbh），2つ目はフットボールに特化した投資を行う多国籍企業（持ち株会社：ホールディング・カンパニー）のシティフットボール・グループ（City Football Group）である．

レッドブル・グループのガバナンスの構造

　レッドブルは1980年代に創立され，1987年4月1日にレッドブル・エナジードリンクがオーストリアで販売された．現在では171カ国で販売され，現在まで

に620億缶が飲まれている（Red Bull on lineより）．

その中でもスポーツや芸術への支援を重要視している．

* アドベンチャー系　　（ウインドサーフィン，クライミング等）
* バイク系　　　　　　（バイシクルモトクロス，トレイル，サイクリング等）
* モータースポーツ　　（F1，4輪，2輪，オンロード，オフロード）
* ウオータースポーツ　（サーフィン，セーリング，ダイビング等）
* エアリアルスポール　（エアレース，パラグライダー，パラモーター等）
* ウインタースポーツ　（スノーボード，スキー，アルペン，フリースキー等）
* e-スポーツ，ダンス等

これらの他に単発のスポーツイベントなどが確認でき，主となる事業とは別に，スポーツサポーテッド・カンパニー（スポーツ支援企業）としての地位も確立しつつある．これらの多くのスポーツの中でも，とりわけフットボールへは多額の投資を行っている．レッドブルによるガバナンスは，新たなスポーツのガバナンスとして注目される．

＜構造的特徴＞

本章執筆時点（2017年10月）では，4つのクラブがレッドブル傘下のクラブである（図2-7）．2005年に初めて買収したのはUEFA内のオーストリア・ブンデスリーガ（オーストリア）に加盟するSV Austria Salzburg（SVオーストリア・ザルツブルグ）であり，クラブ名をレッドブル・ザルツブルグ（Red Bull Salzburg）とした．その後，2006年にアメリカのMLS（Major League Soccer；メジャーリーグサッカー）傘下のニューヨーク/ニュージャージー・メトロスターズ（NY/NJ Metrostars）を買収し，ニューヨーク・レッドブルズ（New York Red Bulls）．2006年にはブラジルのカンピーナス州にレッドブル・ブラジル（Red Bulls Brasil）を設立．UEFA内で2つ目のクラブの買収を計画して，ヨーロッパの数都市と交渉したものの買収には進まず，2009年，戦略的にラーゼンバルシュ

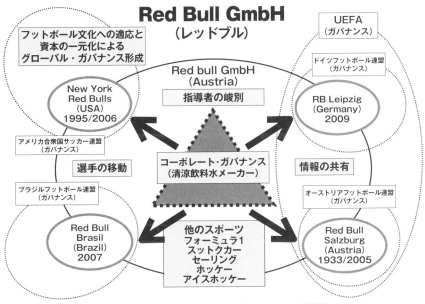

図2-7 Red Bull GmbHのガバナンスの構造

(出所) Red BullのWebより筆者作成.

ポルト・ライプツィヒ (Rasen Ballsport Leipzig) を設立し,その保有権を49%取得した.DFB(ドイツ・フットボール連盟)はオーストリア・フットボール連盟とは異なり,クラブ名に企業名を冠したクラブを認めていない.そのため,Red Bullを連想させる頭文字であるRB,RBとはRasen Ballsport,つまり,芝生ボール競技ライプツィヒという奇妙な名前を付けたのである.

レッドブルは言わずと知れたコーポレート・ガバナンス形態の企業である.そのコーポレート・ガバナンス傘下において,4つの国でレッドブルと名付けた(もしくは意図的に判る)フットボールクラブが存在し,フットボールのグループを形成している(レッドブル・グループ).RBライプツィヒに見られるように,それぞれが加盟するNFAによって規定や規約が異なる.しかしながら,事業の主体であるレッドブルに特徴的なのは,各NFAに適合させた形態でクラブの買収を行い,取得後も各々の国や地域,NFAに適応させたガバナンスを行っ

第 2 章 スポーツのガバナンスとはなにか? 45

ている点である．企業による資本参加や買収が行われると，そのホールディング・カンパニー（この場合は買収先の親企業）によるガバナンス形態が優先され，フットボールクラブとしてのガバナンスの構造が喪失されてしまう場合が多い．しかし，レッドブル・グループはレッドブル本社の所在地であるオーストリアを筆頭に，アメリカ，ブラジル，ドイツの各NFAに合わせた形態を保ちながら，レッドブル・グループとしてグローバル・ガバナンスを行うという構造的特徴を持っている．

　＜概念的特徴＞

　レッドブル（Red Bull GmbH）は飲料水製造・販売企業（メーカー）であり，その中でもエナジードリンク（滋養強壮飲料）の製造・販売を行っている．営利を目的とする企業としてのマーケティングのターゲットは，スポーツやアドベンチャーを好む若者層である．その中でもフットボールは，そのイメージとシンクロ（同調）することもあり，グローバルなマーケット戦略に最も相応しいスポーツと考えられている．そして，フットボールのファンをターゲットにするだけでなく，ファンそのものを宣伝媒体（メディア）として，二次的，三次的効果を生み出すマーケティングの手法を用いている．

　ここまでは，一般的なコーポレート・ガバナンスの特徴が伺える．同業種含めて，現在では多くの企業が多数のクラブやNFAのスポンサーとなっているが，そのメーカー自身がフットボールクラブの経営を行うことは珍しい．レッドブルの，若者層は全員ターゲットとした商品の特性に反して，1クラブを経営することとなる．当該クラブ以外のマーケットを失う可能性もある．また，同一リーグ内の他クラブへ企業をして小スポンサーとなる場合も利益供与となる可能性を持つ．ではなぜ，企業自身がフットボールクラブの経営を行うのだろうか．そこにレッドブルのガバナンスの概念的特徴が見えてくるのである．

　レッドブルの所有するクラブの共通点は，クラブ名称に「レッドブル」が入っていることである（RBライプツィヒは先述）．さらに，基本的にユニフォームのデ

表2-8 レッドブルのガバナンス

誰が (who)	レッドブル (企業)
何を (what)	複数のクラブ
何のために (why)	商品のマーケティング (イメージの同調)
どうやって (how)	フットボールや地域への適応と資本の一元化

(出所) 筆者作成.

ザインやクラブカラーも統一されている.「イメージの統一」と言う点での差異はない.

　所有するクラブのホームスタジアムには,全てレッドブル・アリーナという名称が付けられ,改修費や新規建設費はレッドブルが投資(負担)している.なぜ,ここまで多額の投資をするのであろうか.上記3つのクラブのアリーナ(スタジアム)は,各国において買収前のクラブやスタジアムの古き良きものを残しつつも,その融合やアイディアの斬新さ,美しさに定評がある.いずれもレッドブルが買収後に手を加えたものである.そして,驚くべきことは地域のアイコン(象徴)となっていることである.大胆な表現を用いるならば,レッドブルは単なるフットボールクラブを保有する企業ではなく,スタジアムをも含めた「ローカルイノベーション・カンパニー(地域再生企業)」と言えよう.

　また,レッドブル・グループではビジネスのマネジメントとフットボール(チーム)のマネジメントを明確に別けていることも特徴である.スポーツの魅力である「勝敗の不確定性」を創出するチームのマネジメントと,そのチームを支えるビジネスの部門との相互補完の概念が確認される.

　そこで,レッドブル・グループの概念的特徴を抽出するために,「誰が (who),何を (what),何のために (why),どうやって (how)」の要素にて分類したのが**表2-8**である.

　レッドブルは経済資本の一元化という構造的特徴が抽出されると同時に,コーポレート・ガバナンス(企業)でありながら,フットボールによるグロー

バル・ガバナンスを融合させている．すなわち，レッドブルにとって，各クラブが加盟する国や地域，NFAにガバナンスを適応させながら，企業としてのビジネスとの適応をも意図したガバナンスである．しかも，経済資本（ビジネスマネジメント）はレッドブル（企業）が，文化・技術資本（チームマネジメント）はスペシャリストに任せ，スタジアムも含めた地域のアイコンとしての存在をも意図した，グローバル，コーポレート，ローカルをインテグレート（融合）させるための「適応」というガバナンスの概念的特徴がみられる．

シティフットボール・グループのガバナンスの構造

シティフットボール・グループ（City Football Group；CFG）は2013年5月に設立された．2015年11月末まではアブダビユナイテッド・グループ（Abu Dhabi United Group for Development and Investment；ADUG/UAE）による独占資本であったが，2015年12月1日にCMCコンソーシアム（チャイナメディア・キャピタルホールディングス/China Media Capital Holdings；CMC/中国）とCITICキャピタルホールディングス（CITIC Capital Holdings；CITIC/中国）との共同事業となり，CFGは多国籍企業によるホールディング・カンパニー（持ち株会社）の傘下に入ることとなった．また，ADUG，CMC，CITICも各々大株主であるホールディング・カンパニー傘下の企業である．

この複雑多岐なステークホルダーが関わるCFGのガバナンスは，流動化する現代社会において「スポーツにおけるガバナンス」の変容を如実に表している．

＜構造的特徴＞

CFGはADUG（アブダビユナイテッド・グループ），CMCコンソーシアムによるホールディング・カンパニーである．各企業の出資率（2017年11月1日現在）はADUGが87％，CMCコンソーシアムが共同で13％（両者間の出資比率未公表）である．さらにADUGはUAE（United Arab Emirates；アラブ首長国連邦）のロイヤルファミリーであるシーク・マンスール・ビン・ザイード・アル・ナヤン侯（Sheikh Mansour bin Zayed Al Nahyan) がオーナーである．彼は事業としてのスポーツに注目しており，とりわけフットボールや馬（競馬や馬術競技）へ多額の投資を行っている．2008年にイングランドのプレミアリーグ（イングランドのプロ最高峰リーグ）に加盟するマンチェスター・シティー・フットボールクラブを買収し，2回のプレミアリーグ制覇（2011-12年，2013-14年シーズン），FAカップ（2011年），2回のリーグカップ（2013-14年，2015-16年シーズン）を獲得した．さらに2011年シーズン以降，UEFA最高峰の闘いであるUCL本戦に連続出場を果たしている．

　その後，3大陸の主要都市に所在するクラブを買収した．2012年にはアメリカ合衆国のプロフットボールリーグ，メジャーリーグサッカー（Major League Soccer：MLS）に加盟するニューヨークシティ・フットボールクラブ（New York City Football Club）を，2014年にはオーストラリアのAリーグ（オーストラリアの最高峰リーグ）のメルボルンシティー・フットボールクラブ（Melbourne City Football Club）を買収した．2014年にはJリーグに所属する横浜マリノス，2017年にウルグアイリーグに所属するアトレティコ・トルケ（Athletico Torque/Uruguay），そして同年にスペインのラ・リーガ（スペイン最高峰リーグ）に加盟するジローナFC（Girona FC/Spain）に対して，今後の買収や投資拡大の目的で経営に参画した．

　また，CMCコンソーシアムの役割として，CFGのフットボール事業において，中国大陸は重要な位置付けであり，その中国におけるフットボール事業拡大化の責務を担っている．

　CFGのガバナンスの構造的特徴は「資本の一元化」である．CMCコンソーシアムが13％の株を取得し，シェアホルダー（共同株主）となった．CFGの役員へCMCの代表を1人追加し，6人から7人の役員体制となった．残りは全てADUGであるため，現実的には増資とマーケット拡大のためのシェアホルダーであることが理解されよう．ADUGの実質的な「資本の一元化」に揺るぎはない．つまり，CFG自体がADUG傘下の企業であり，その投資先として**図2-8**に見られる各クラブという構造となっている．また，CFGのガバナンスはコー

第 2 章　スポーツのガバナンスとはなにか？　49

図2-8　City Football Groupのガバナンスの構造

(出所) 筆者作成.

ポレート・ガバナンス形態そのものであり，資本比率の関係上，全ての意志決定権はCFG, すなわち，ADUGとなる．CFGもレッドブル・グループ同様にコーポレート・ガバナンスが確認される．

　2008年マンチェスター・シティーを元タイ王国の首相であったタクシンから買収したCFGは，現在5つの大陸で6つのクラブを自己のガバナンス下に置いている．これらはレッドブルと同様の構造と見ることが可能であるが，レッドブルとの大きな違いは，既存のクラブを完全に買収（株式取得等）して傘下に置くM&A方式である．最も近代資本主義に則った株式の取得によるガバナンスの置換である．各株式比率の関係上，クラブの役員の決定もCFG＝ADUGの決定(指名)によるものである．この様な構造的特徴を持つCFGは，古のオーナー所有のクラブやパトロン方式のクラブ支援と本質的相違はない．むしろ，市場

経済や資本主義に合わせた現代的なパトロン形態とも言える．株式所有によるオーナーがADUGであり，その傘下であるCFGによるガバナンスという構造的特徴が見られる．

＜概念的特徴＞

　レッドブル・グループは，各クラブが所在する国々において商品を，フットボールを通してレッドブル（企業ならびに商品）のイメージ（マーケティング）とシンクロ（同調）させることを目的としている．一方，CFGには商品がない．彼らの表現を拝借するならば，「フットボールに関連したビジネス」を目的とした企業体である．すなわち，CFGにおける主力商品は「フットボール」である．そこで，CFGのビジョン（Vision）を以下に確認してみたい．

　　我々の志とは，フットボールの参与者をフィールドの内外に問わず増やすことである．そのためには最高のフットボールのタレント（有能な者）を発掘，育成し，魅力的で勇猛果敢なゲームをお見せすることである．

　　志への到達とは
　　～魅力的なフットボールのプレー，熱狂的なファンによる我々のコミュニティの創造，ローカルのみならず独創的でグローバルなアプローチ～
　　我々が持続的で社会的責務を負った組織として成長し続けると共に，世紀を超えて，人々に"City"のフットボールの意義を問い続けることである．

　このCFGのビジョン，彼らが言う"Story"を図式化したものが図2-9である．CFGは「フットボールそのものを商品」としている．そこに投資をし，最高のプレーヤーを発掘・育成する．このプレーヤー達の最高のプレーによってゲームへの期待感が増す．スポーツの最大の魅力である「勝敗の不確定性」への期待は更に高まり，ファンは高揚する．すなわち，入場料，放映権料，マーチャンダイジング等の「フットボールを商品」とした事業収入は増加する．この連

図2-9 City Football GroupのVision
(出所) City Football Group Webサイト "Our Story" より筆者作成.

鎖により"City"のフットボールファンの拡大となる.この増加したファンは,CFGが保有するクラブ間でのローカル,グローバルの両基軸から,"City"のファン・コミュニティを創成させるのである.

　ファン・コミュニティは,「弱い紐帯」,すなわち社会的ネットワークを生みだし,持続的で社会的責務を負った「強い紐帯」へと変容する [Lin 2001]. ただのフットボールファンの集まりであったコミュニティがネットワーク化し,社会的組織へと変容して行くのである.そのため,このコミュニティは「意図せぬ価値」が生起し,更に価値が高まり,"City"の社会的存在価値は向上し続ける.すなわち,誰もが憧れる最高のプレーヤーの発掘と育成が可能な循環が,恒常的に確立される,すなわちそれが"Story"という概念にて表されている.

　そこで,CFGのガバナンスの概念的特徴を抽出するために,「誰が(who),何を(what),何のために(why),どうやって(how)」の要素にて分類したのが表2-9である.

表2-9　CFGのガバナンス

誰が（who）	CFG（ADUG）
何を（what）	各大陸の主要都市のクラブ
何のために（why）	Cityの存在価値 （参与者増加＝コミュニティ創造）
どうやって（how）	最高のフットボールによるゲーム

（出所）筆者作成．

　CFGのガバナンスに言及する際，クラブの買収という事象のみに注目が集まる．本章にて明らかにしてきたように，このホールディング・カンパニーの事業目的は「フットボールに関連したビジネス」であり，CFGの主たる商品は「フットボール」である．この「商品の価値」を如何に高め，如何に好循環を導く仕組みを創り出すのかが，CFGのガバナンスの目的となる．

　この目的を達成するために，単一のクラブのファン・コミュニティによる創造は限界をともなう．そこで，CFGは各大陸の主要都市に所在するクラブへの投資を行い，CFG傘下にしたのである．更に，14.09億の人口を抱え，世界人口75.5億の18.6%を占める中国 [United Nations 2017] では，中国企業をシェアホルダーにすることにより，中国，もしくは中国語圏にて"City"の存在価値を高めるための社会化装置とした．すなわち，CFGのガバナンスの概念的特徴は，コーポレート・ガバナンスによる「商品としてのフットボールと資本を一体化」した概念とともに，グローバル・ガバナンスとして「クラブの存在価値（高価値化）」による「フットボールによるコミュニティ創造」の概念も見られる点で，「ビジネスのコンテンツとしてのフットボール」ではなく，「フットボールの創造のためのビジネス」というスポーツにおけるガバナンスの原点が伺えるものでもある．今後に注目したい．

4. スポーツのガバナンスとは

ここまでのまとめ

　本章では，これまでの日本における「ガバナンス」の概念の誤解に問題提起をしてきた．すなわち，ガバナンスは日本で理解されている「統治・統制」や，そのための「機能」だけではないことを考察した．

　まず始めに，スポーツ組織における歴史社会学の視点から，近代スポーツにおける代表的な組織の誕生に関わるガバナンスとして，FA，そして英国4協会の事例をみた．数多のグローバル・ガバナンス組織が生まれて消え，もしくは実態として形骸化していく中，今も尚，世界最大のグローバル・ガバナンス組織であるFIFAを事例として，ガバナンスの概念を導いてきた．また，日本語による「統治・統制」の印象からの影響を極力排除するために，M. ベビア[Bevir 2012]のガバナンス論の翻訳者である野田牧人の「ガバナンス＝治める」による言葉の汎用性を基盤とした論考を行って来た．その際の道標として，「誰が(who)，何を (what)，何のために (why)，どうやって (how)」の要素にて分類し，ガバナンスの主体 (who) を明確にし，何を (what) 対象として，目的は何のために (why) ある組織で，どのような手法 (how) によって舵取り (Governanceの語源=Steering) を行ったのかを導いた．

　次に，スポーツ，とりわけ世界で最もファンの多いフットボールに着目し，前述したグローバル・ガバナンス主体の典型であるFIFA，EUという連合国家（ガバメント）による「統治・統制」との狭間に立ちながらも，各NFAの多様な文化を治めているUEFAのガバナンス．本章においては近代スポーツの発生地であるヨーロッパの事例が多い中，新たな文化創造として"0"から出発したNFL/MLBのガバナンス．同様に日本の新たなスポーツ文化を創造したJリーグのガバナンス．コーポレート・ガバナンスでありながら，グローバルとローカルをインテグレート（融合）して「治める」ことを具現化したレッドブルの

ガバナンスの例.最後に,スポーツの原点を追究するためにM&Aによる投資を行い,グローバル・ガバナンスを形成しているCFGの例をあげて論考した.

これらの分析を行うために,構造的特徴と概念的特徴の2つの観点からガバナンスの多様性を示した.再び道標として,「誰が(who),何を(what),何のために(why),どうやって(how)」の要素にて分類し,ガバナンスの主体,対象,目的,方法を明確にしたのである.

ガバナンス論における問題点

本章において,ここまでは「スポーツにおけるガバナンス」によって,一元的な「統治や統制」とは異なるガバナンスの存在を明確にした.では「スポーツのガバナンス」とは如何なる特徴を持つものなのであろうか.「スポーツのガバナンス」の議論を行う前に,再びM.ベビア[Bevir 2012]の論考をみながら,ガバナンス論における分析の問題点について述べることとしたい.

> 近代主義的組織理論は,理念型の形式分析に焦点を当てる.その結果,階層構造も,市場経済も,ネットワークも,大なり小なり固有の特質をもった抽象モデルであるかのように思われることが多い.ここには,組織理論が人をたぶらかす危険が潜んでいる.まず,研究者も政策立案者も,実際の組織は決して抽象モデルなどではないことを忘れてしまう危険性がある.現実の組織は,実在の人間とそうした人たちの行動によってできている.1つの組織の性格や行動を決定するのは,抽象モデルなどではなく,そこに働く人間と,その人たちそれぞれの行動なのだ[Bevir 2012:邦訳 57].

M.ベビアは上記の論考により現代社会において,近代組織理論にもとづくガバナンスの議論では主体が多数であるため,ガバメント(国家)の様な枠組みでは治めきれない,多数のステークホルダーが存在することを指摘している.すなわち,ガバナンスにおける主体と目的が曖昧になっていることを示唆する.「誰が(who)」主体となって「何のために(why)」治めるのか,という主体と

目的の問題を内包しながら，誰もが主体と成り得ないまま，目的自体も曖昧になっているのは，「実在の人間」の行動が忘れ去られていることを示唆している．そのため，この曖昧さを解消するために組織という抽象モデルを産み出し，その組織（抽象モデル）を維持するための方法＝「どうやって（how）」としての加盟要件や制度など，可視化されるもののみをガバナンスとして理解してしまうのである．然るに，組織を「どうやって（how）」治めるのかという方法論へと視点が注がれ，主体と目的という視点が曖昧となり，「実在の人間」がいない抽象的な組織モデルを対象とした論が展開され，ガバナンスの本質的な目的から乖離することを示している．

　また，抽象的な組織の典型例としてグローバル・ガバナンスの議論があげられる．このグローバル・ガバナンスにみられる多様な主体の関係性は複雑であるため，ある程度の具体的な方法＝「どうやって（how）」がなければガバナンスは保てず，混乱する．しかしながら，このガバナンスを行うための方法＝「どうやって（how）」を決定するプロセスにおいて，多様な「実在の人間」に対するコンセンサス（合意）を得るためには多くの時間を要す．グローバル・ガバナンスに見られる多様な「実在の人間」に対するコンセンサス（合意）を，多くの時間をかけて得た時，もしくは得るプロセスにおいて，いつしか方法＝「どうやって（how）」へのコンセンサスを得ること自体が目的化してしまい，ガバナンスの本質的な目的から，これもまた乖離することを示唆している．

　このM.ベビアの論は，ガバナンスの議論における問題点であると共に，スポーツのガバナンスにおいても，その主体（Who/誰が），目的（Why/何のために），方法（How/どうやって）という分析視点が重要であること提示している．

スポーツのガバナンスの目的

　スポーツのガバナンスの議論において，これまでの例を振り返ると，主体＝「誰が（who）」と対象＝「何を（what）」が明確なことが見られる．反面,目的＝「何のために（Why）」が潜在化しやすい．その顕著な例であるUEFAとFIFAを再

考しながらスポーツのガバナンスの目的について論じたい．

　UEFAの各アクターには各FA，ECA，EPFLが含まれ，その関係性は多様である．同時にEUという統一国家だけでなく，EU内のFAとEU外のFAや主権地域との関係性をも含めると，その関係性は多元的でもある．この関係性には，民族問題や宗教問題，各国の法や制度の差異問題が存在し，抽象モデル化して論じられる近代組織理論と大きく異なることは明白である．スポーツ組織においては全ての問題を包摂した，近代組織理論とは異なる枠組みでの議論が必要であることをも意味する．言い換えると，ガバナンスの主体は，国家でもなく，経済主体でもなく，曖昧模糊としたUEFAという統合体（組織）である．そのため，主体としてのUEFAの目的は，多様で多元な各アクターを治めることが明確となる．

　また「治める」という目的の本質的な目的は，「フットボール（スポーツ）の発展」という抽象的な概念である．各アクター（各フットボール組織）は多様であり，多元でありながらも共通の目的を有するのは興味深い．しかし，この抽象的な概念は，言うなれば偶像と同様の存在とも言える．「フットボールの発展」の帰結を具体的に知るものはいない．誰もが理解しながら曖昧である．その目的が崇高であり，その目的を達成するための方法＝「どうやって（how）」の公式が存在しない．然るに，「フットボール（スポーツ）のガバナンス」に対する曖昧さを指摘されることは自明でありながらも，「スポーツのガバナンスの特殊性」が伺える．

　一方で2016年に発覚したFIFAの汚職問題は，「スポーツのガバナンスの特殊性」における逆機能の典型例とも言える．

　フットボール（スポーツ）の各アクターにおいて，「フットボール（スポーツ）の発展」という概念は共通の目的でありながら，現在までその具現化のための抽象モデルを提示したものはいない．皆が模索しているため，「フットボール（スポーツ）の発展」を希求する場（Champ）［Bourdieu 1979］が形成されやすくなる．この偶像（崇高な目的）を得るための競争，牽制，調和が発生し，それが社

会的に妥当性，正当性，公平性がある・なしの方法に関わりなく受容することとなる．すなわち第1点目として目的と手段の転換である．この偶像を求めるための組織がFIFAであり，各アクターは偶像を求めるための手段として組織（FIFA）に参加，参画する．しかし，その組織（FIFA）が偶像を求めて発展すれば発展するほど，その組織（FIFA）に居ること，居続けること自体が目的となる．

　第2点目として，目的からの逸脱である．これは目的に到達するための公式が存在しないことに由来する．この偶像を求めるための公式が存在しないことは既に議論した．ここでの論点は公式が存在しないため，偶像を求める組織（FIFA）において競争，牽制，調和が発生する際に，社会的な妥当性，正当性，公平性を欠く「負」の行為が発生する場（Champ）をも形成することである．さらに，新たな参加，参画者へと再生産が起こる．ここでは偶像を求める組織（FIFA）から逸脱する行為に対する指摘は，負の場の作用により負の組織への抵抗となり，負が正であるかのように転換され，目的から逸脱する．偶像を求める組織（FIFA）であるが故に，公然と抵抗することは偶像の否定につながることとなる．

　目的のない組織はなく，目的のないガバナンスは存在しない．スポーツ組織のガバナンスには，各アクターが相互に共有する潜在的で抽象的な目的（スポーツの発展）の存在がある．また，多様で多元な多くのアクターを内包するため，法や制度による一元的なガバナンスでは治めることに困難が伴う．そのため，そのスポーツ組織を治めることがガバナンスの目的となる特徴を持つ．すなわちスポーツのガバナンスの目的は，「スポーツの発展」と「スポーツ組織を治める」という2つの目的が存在することとなる．

　著者は「スポーツの発展」を敢えて偶像と表現した．なぜなら「スポーツの発展」は誰もが願うものである（フットボールの発展の例が顕著である）が，誰も「スポーツの発展」の具体的な最終型を見たことがない．どこが最終型なのかもわからない．

例えば，紙幣や硬貨は紙幣の紙や硬貨の金属の値段が反映されているのではなく，そこに価値を与えて（生まれて），お金という存在となる．しかし，これらは具体的な物体があるため，貨幣価値は万人に共通した最終形態を持つ．

　また，グローバル・ガバナンスにおける目的として一般的にあげられる「平和」についても同様である．戦争・紛争のない世界とは抽象的な概念のようで，実は無差別な爆撃など極めて可視化されやすく，具体的な共通の最終形態を持つ．同じく，環境問題における二酸化炭素の削減量等も数値として可視化され，やはり具体的な最終形態を持つ．しかし，これらを俯瞰しても「スポーツの発展」の具体的な共通の最終形態はなく，各アクターが個別に持っていたり，文言だけで持っていない場合もある．すなわち，偶像への崇拝と同じ行為と言えよう．

　また，スポーツの場合は抽象論でありながら，具体的に競争相手や対戦相手を殺戮してまでも勝利を得たいと思うものは希有である．言語として同様の意味を発した場合も，興奮状態での発語や比喩であり，具体的な行動をとることは殆どない．これは,潜在的に「スポーツの発展」を目的としており,この「スポーツの発展」という抽象的な概念そのものが各アクターを抑制する機能を持つ．まさに偶像と同じ存在である．

　然るにスポーツのガバナンスの目的において，「スポーツの発展」は潜在化した偶像となり，「スポーツ組織を治める」が顕在化した現実的目的となる．偶像と現実の両者を持つという点で「スポーツの特殊性」が見られる．

おわりに
――スポーツガバナンスの枠組み――

　本章ではフットボールの例を多く提示した．1863年のフットボールの確立以降，産業革命の影響を色濃く受けて，当初より階級闘争やプロ化，国際化，主体の多様性と多元性が含まれ，フットボールの組織は数多くの「治める」手法を用いて，現在までガバナンスを行って来たからである．例えば，近代オリンピックの理念によるIOCの設立では，社会的富裕層に特化した「スポーツのガ

バナンス」となり，その分析対象，分析概念の一般化に問題を生じさせてしまう．

　現代の社会問題は，すべてが特定の機関や国民国家の管理にすっぽりと収まるとは限らない．ガバナンスを保つためには，管轄権の橋渡しをし，政府の様々なレベルを結びつけ，多様なステークホルダーを動員するための新しい統治戦略が必要となる［Bevir 2012：邦訳 9］．

　M. ベビア［Bevir 2012］の論考による「新しい統治戦略」の文脈から，「既存の枠組みを超越，もしくは逸脱した治め方」が必要であると捉えることが可能である．統治戦略の部分から導出される，意図の有無に関わりなく，「スポーツのガバナンス」は新しい枠組みと言うことができよう．

　EUにおけるリスボン条約（2007年署名；2009年効力発生）において，スポーツが文言として明記されたのは，署名から僅か10年程前のことである（執筆時）．それまでは「フットボールの発展」と同様に，全ヨーロッパ（全世界）において，民衆がただ熱狂するゲームでしかなく，その社会的存在価値は低く，抽象的な概念としての偶像と同じであった．そのため，スポーツがどのようなガバナンスを行っていても議論にはならなかった．時を経て，リスボン条約によって社会的存在として認知されるようになり，ようやく「スポーツのガバナンス」もガバナンスの枠組み（新しい枠組み）の対象になったのである．

　新しい枠組みという観点からすると，他の事象にも非常に類似したガバナンスが見られる．しかし，不文律として，組織やガバナンスという観点で探求することや議論すること自体もタブーとされてきたものがある．それは「宗教」である．

　スポーツ組織の公共性と自立性という観点から，菊［2017］は「スポーツというのはグローバルなレベルで，すでに世界宗教と同様な存在になっていると思っています．色々な宗教・宗派があっても，みるスポーツを通じて，みんながスポーツの勝敗に一喜一憂し，そしてその中からいろいろなこと（意味や価値）を共通に学んでいける存在（文化）です」と，スポーツの宗教的存在を示唆し

ている．この文脈における「世界宗教と同様の存在」とは，「スポーツは世界宗教の枠組みと同様の存在」と理解できる．スポーツ，その存在は現代社会の諸相において，「単一宗教を超えた枠組み」，すなわち「超宗教の枠組み」とも捉えられる．ここで，個々の要素を分析して個々の宗教との対比の議論を行うことは別の機会に譲りたい．むしろ論点はその枠組みに関するものである．然るに「超宗教の枠組み」では階層を想起させる誤解を生じる可能性が潜んでいる．スポーツの存在を表す言葉として適しているのは以下になろう．

　スポーツは「脱宗教の枠組み」，既存の枠組みを超越し，宗教の枠組みをも逸脱した新たな枠組みの概念である．つまり，M. ベビアの論じる「新しい統治戦略」の枠組みが「スポーツのガバナンス」であり，ガバナンスの新たな分類項目として，「スポーツガバナンス」が追加されるのである．

参考文献

上田滋夢［2014］「スポーツにおけるガバナンスの視座――EUとUEFAの関係構造にみられる三次元分析概念の考察――」『立命館産業社会論集』50（1）．

上田滋夢［2016］「第8章　プロスポーツのガバナンス」，山下秋二・中西純司・松岡宏隆編著『図とイラストで学ぶ新しいスポーツマネジメント』大修館書店．

上田滋夢・山下秋二［2013］「スポーツ競技統括団体の経営におけるガバナンスの始原的問題――UEFAのガバナンスからの考察――」『体育・スポーツ経営学研究』27（1）．

菊幸一［2017］「スポーツ組織の公共性と自立性からみた課題と展望」『体育・スポーツ経営学研究』30（1）．

広瀬一郎［2004］『「Jリーグ」のマネジメント』東洋経済新聞社．

吉田文久［2014］『フットボールの原点　サッカー，ラグビーのおもしろさの根源を探る』創文企画．

Bevir, M. [2012] *Governance : A Very Short Introduction*, Oxford : Oxford University Press（野田牧人訳『ガバナンスとは何か』NTT出版，2013年）．

Bourdieu, P. [1979] *La Distinction : Critique Sociale du Jugement*, Paris : Éditions de

Minuit（石井洋二郎訳『ディスタンクシオンⅠ——社会的判断力批判——』藤原書店，1990年）．

Elias, N. and Dunning, E. ［1986］ *Quest for Excitement : Sport and Leisure in The Civilizing Process*, Oxford : Basil Blackwell（大平章訳『スポーツと文明化——興奮の探求（新装版）——』法政大学出版局，2010年）．

Forsyth, R. ［1990］ *The Only Game*, Edinburgh : Mainstream.

Lanfanchi, P., Eisenberg, C., Mason,T. and Wahl, A. ［2004］ *100 years of Football : FIFA Centennial Book*, Weidenfeld & Nicolson（小倉純二・大住良之・後藤健生監修『フットボールの歴史　FIFA創立100周年記念出版』講談社，2004年）．

Lin, N. ［2001］ *Social Capital : A Theory of Social Structure and Action*, Cambridge : Cambridge University Press（石田光規・桜井政成・三輪哲・土岐智賀子訳『ソーシャル・キャピタル——社会構造と行為の理論——』ミネルヴァ書房，2008年）．

ウェブ資料

Bloomberg "Company Overview of China Media Capital"，（https：//www. bloomberg. com/research/stocks/private/snapshot.asp?privcapId=108453570，2017年11月1日閲覧）．

CITIC Capital, "News"（http：//www. citiccapital. com/News%20Files/2015-1201%20 CITIC%20Capital_CMC%20eng%20pr%20final. pdf, 2017年11月1日閲覧）．

City Football Group, "Our Story"（https：//www. cityfootballgroup. com/Our-Story, 2017年11月10日閲覧）．

European Court of Justice ［1995］ "Bosman Ruling : C415/93"（http：//eur-lex. europa. eu/LexUriServ/LexUriServ. do?uri=CELEX : 61993J0415 : EN : NOT, 2017年11月11日閲覧）．

European Union "About the EU"（https：//europa. eu/european-union/about-eu/ countries_en#28members, 2017年11月2日閲覧）．

European Union "Lisbon Treaty"（http：//www. lisbon-treaty. org/wcm/the-lisbon-treaty/treaty-on-the-functioning-of-the-european-union-and-comments/part-3-union-policies-and-internal-actions/title-xii-education-vocational-training-youth-andsport/453-article-165. html, 2017年11月10日閲覧）．

FIFA. com "About FIFA"（http：//www. fifa. com/about-fifa/fifa-council/how-the-fifa-council-works. html, 2017年11月10日閲覧）．

FIFA. com "Our Strategy"（http：//www. fifa. com/about-fifa/who-we-are/explore-fifa. html?intcmp=fifacom_hp_module_corporate, 2017年11月11日閲覧）．

InfoCuria "Case Number-C438/00"（http：//curia. europa. eu/juris/liste. jsf?language=en&num=C-438/00, 2017年11月11日閲覧）．

Jリーグ「クラブライセンス制度」（https：//www. jleague. jp/aboutj/licence/, 2017年11月11日閲覧）．

Jリーグ［2014］「Jリーグクラブライセンス交付規則」（https：//www. jleague. jp/docs/aboutj/clublicense2014_01. pdf, 2017年11月11日閲覧）．

国立国語研究所［2004］「第3回『外来語』言い換え提案」（http：//pj. ninjal. ac. jp/gairaigo/Teian1_4/iikae_teian1_4. pdf?, 2018年1月19日閲覧）．

文部科学省中央教育審議会大学分科会資料："中央教育審議会大学分科組織運営部会の審議の経過"（http：//www. mext. go. jp/component/b_menu/shingi/toushin/_icsFiles/afieldfile/2014/01/20/1343469_4_1. pdf, 2017年11月11日閲覧）．

National Olympic Committes（http：//www. olympic. org/ioc-governance-national-olympic-committees, 2017年11月10日閲覧）．

日経ビジネスWeb「震災後の今だから知りたい「ガバナンス」の意味 誰が，何の目的で，何をどうすることがガバナンスなのか？」（http：//business. nikkeibp. co. jp/article/topics/20110412/219407/?P=1, 2017年11月1日閲覧）．

Red Bull（日本語版サイト）（https：//www. redbull. com/jp-ja/, 2017年11月11日閲覧）．

Red Bull（日本語版サイト）（http：//energydrink-jp. redbull. com, 2017年11月2日閲覧）．

Red Bull（https：//www. redbull. com/int-en/, 2017年11月2日閲覧）．

Red Bull（https：//energydrink. redbull. com, 2017年11月2日閲覧）．

Red Bull Salzburg（http：//www. redbullsalzburg. at/en, 2017年11月2日閲覧）．

Red Bull Salzburg（http：//www. redbullsalzburg. at/en/fc-red-bull-salzburg/club-history. html, 2017年11月11日閲覧）．

UEFA. com "About UEFA, 11values"（http：//www. uefa.com/insideuefa/about-uefa/

eleven-values/index. html#val1, 2017年11月11日閲覧).

UEFA. com "About UEFA, History" (http://www. uefa. com/insideuefa/about-uefa/history/1954-80. html#jprint, 2017年11月11日閲覧).

United Nations [2017] "World population Prospects The 2017 Revision-Key findings & advance tables" (https://esa. un. org/unpd/wpp/Publications/Files/WPP2017_KeyFindings. pdf, 2017年11月2日閲覧).

United Nations (http://www. un. org/en/sections/about-un/overview/, 2017年11月2日閲覧).

3 sports governance & management
地域の資源とスポーツを活用したまちづくり
──十日町市の取組み──

1. スポーツツーリズムと地域スポーツコミッション

　昨今，スポーツとその土地の景観，環境，文化などを掛け合わせて，それらを積極的に活用することで，地域経済の活性化やまちづくりにつなげる取組みが，全国各地で進められている．

　2010（平成22）年5月，観光庁にスポーツ・ツーリズム推進連絡会議が設置され，関係省庁，学識経験者，スポーツ関係者及び観光関係者等が出席し，日本のスポーツ観光に関する総合的な推進方策について活発な意見交換が行われ，翌年の2011（平成23）年6月には，それらの議論を踏まえ，日本の今後のスポーツツーリズム推進の具体的な方針を示すスポーツツーリズム推進基本方針がまとめられた．また，2012（平成24）年3月に策定された観光立国推進基本計画では，施策の1つとして，スポーツツーリズムの推進が挙げられ，スポーツツーリズムによる地域の活性化に関する内容が盛り込まれている．スポーツ政策の領域でも，2010（平成22）年8月に策定された日本のスポーツ政策の基本的な方向性を示すスポーツ立国戦略と，2012（平成24）年3月に策定されたスポーツ基本法の理念を具体化し，今後の日本のスポーツ施策の具体的な方向性を示すスポーツ基本計画において，スポーツツーリズムの推進に関する事項が盛り込まれた．これらの流れを受けて，2012（平成24）年4月，スポーツツーリズムの推進組織として一般社団法人日本スポーツツーリズム推進機構（JSTA）も設立された．

スポーツツーリズムの具体的な取組みとして，スポーツへの参加や観戦を目的とした旅行やその土地ならではの観光を組み合わせた旅行，地域外からの参加者を積極的に呼び込むスポーツ大会やイベントの開催，国内で実施される全国大会や国際規模の世界大会の誘致，スポーツ合宿やキャンプの誘致等が挙げられるが，これらの取組みを推進しているのが，地方公共団体，スポーツ団体や観光団体などの民間企業が一体となって組織する地域スポーツコミッションである．2009（平成21）年には，スポーツによるまちづくりや地域活性化に関わる調査研究等を行うことを目的とした一般財団法人日本スポーツコミッション（SCJ）も設立され，全国の約20団体が連携しながら活動をしている[1]．2017（平成29）年1月現在，地域スポーツコミッションの推進組織は全国に56団体存在し[2]，2017（平成29）年3月に策定された「第2期スポーツ基本計画」においては，2021（平成33）年度末までに，その設置数を170にまで拡大することを目標として掲げられている．また，2015（平成27）年度からスポーツ庁は，スポーツによる地域活性化推進事業として，地域スポーツコミッションの活動支援を実施している[3]．このように，現在の日本においては，スポーツによるまちづくりや地域活性化，その具体的な取組みであるスポーツツーリズム，そしてその活動を担う地域スポーツコミッションに注目が集まっている．本章では，十日町市の取組みを見ていきたい．

2. 十日町市の概況

十日町市は，新潟県南部の長野県との県境にある町で，魚沼丘陵と東頸城丘陵との間にある十日町盆地の中心に位置し，市の中央部には南北に信濃川が流れている．西部中山間地域には南北に渋海川が流れ，傾斜地に階段状に作られた水田である棚田が点在して見られるほか，南部には日本三大渓谷の1つである清津峡が，西部には日本三大薬湯に数えられる松之山温泉があるなど，自然豊かな土地である．また，日本海側気候に属し，年平均積雪2メートルほどを

観測する日本有数の豪雪地帯であり,国から特別豪雪地帯に指定されている.

2005(平成17)年4月1日に,旧十日町市,川西町,中里村,松代町,松之山町の5市町村が合併し,新十日町市が誕生した(図3-1).現在は,旧市町村を地域として区切っているが,川西地域,中里地域,松代地域及び松之山地域の4つの地域は,合併前から過疎地域として指定され,国や県の支援を受けながら地域の活性化や自立に向けての取組みを行ってきた経緯がある[4].

人口は5万4380人(平成29年8月31日住民基本台帳)であるが,出生数の減少と若者の市外流出から,国立社会保障・人口問題研究所「日本の地域別将来推計人口(平成25年3月推計)」では,2025(平成37)年で4万8967人,2030(平成42)年で4万5611人,2035(平成47)年で4万2392人,2040(平成52)年で3万9287人まで減少すると予測されている.高齢化の状況も厳しく,新潟県福祉保健部福祉保健課「高齢者の現況(平成28年10月1日)」では,65歳以上の高齢者人口比率は,36.9%(新潟県30.6%,全国26.6%)と高い数値となっている.人口は,十日町地域

図3-1 十日町市の地域

(出所)十日町市ホームページ.

の中心部である市街地に集中しているが,その他の地域では過疎化が進んでおり,集落の維持に困難をきたしているところも存在する.市内の行政区数（集落数）は443集落であるが,ここ30年間で閉村となった集落数は10以上にのぼる[5].

市の全域で稲作が広く行われており,魚沼産コシヒカリの産地となっている.しかし,少子高齢化の影響で後継者不足や農業離れが問題となっており,市を代表する棚田の維持にも影響を及ぼしている.また,かつては織物の一大産地で繊維産業が盛んであったが,近年は需要の減少で縮小し,それらに代わる産業としてソフトウェア産業に注力が注がれ,現在は県内第3位の集積基地となり,人口当たりの技術者数では県内トップになっている.その他にも,特用林産物のキノコの栽培や構造改革特区制度を活用したどぶろくの製造なども展開している.

3. 大地の芸術祭　越後妻有アートトリエンナーレ

稲作を主体とする農業や着物に代表される繊維業の減退は,従事者数の減少につながり,町の衰退にもつながってしまう.そのような状況の中,町に点在する豊かな自然環境を資源としながら,交流人口の拡大につなげる取組みに活路を見出そうとしている.その1つが,2000（平成12）年に,旧十日町市,川西町,中里村,松代町,松之山町,津南町の6市町村を会場として生まれた大地の芸術祭越後妻有アートトリエンナーレである.

大地の芸術祭は,十日町圏域の6市町村（現在の十日町市と津南町の2市町）が,1994（平成6）年に,新潟県が推進してきた地域活性化事業であるニューにいがた里創プランの認定を受け,1996（平成8）年に策定された越後妻有アートネックレス整備構想のメイン事業として始まった[6].1998（平成10）年に大地の芸術祭実行委員会が設立されると,新潟県出身の北川フラムが総合ディレクターに就任し,「人間は自然に内包される」という芸術祭の基本理念と,交流人口の増加,地域の情報発信,地域の活性化という目的が定められた.

2000（平成12）年，第1回が開催され，延べ来場者数16万2800人を記録した．この数字は，国内で行われた野外美術展の中でも非常に多い結果であり，報告書でも「中山間地域において，アートを活かした新たな地域振興方策として，各方面から注目を浴びる取組みになった」と評価している．2009（平成21）年の第4回からは，新潟県の財政的支援がなくなり，事務局は十日町地域広域事務組合から十日町市に移行し，主催者は市とNPO法人越後妻有里山協働機構に代わった．このように，いくつかの変更点があったが，その後も順調に規模を拡大しながら，2015（平成27）年の第6回では，約51万人の来場者数を記録し，約50億円の経済効果や雇用・交流人口の拡大をもたらしている（表3-1，表3-2，図3-2）．

　また，大地の芸術祭を3年に一度の一過性のイベントに留めずに，会場の越後妻有地域を大地の芸術祭の里と呼びことで，1年を通した継続的な活動に発展させる取組みが行われている．具体的には，ワークショップ，農業体験，集

表3-1　大地の芸術祭の実績

開催年	期間	日数	来場者	参加集落	作品数
2000（H12）	7/20-9/10	53	162,800	28	153
2003（H15）	7/20-9/7	50	205,100	38	220
2006（H18）	7/23-9/10	50	348,997	67	334
2009（H21）	7/26-9/13	50	375,311	92	365
2012（H24）	7/29-9/17	51	488,848	102	367
2015（H27）	7/26-9-13	50	510,690	110	378

（出所）公式ホームページを基に筆者作成．

表3-2　経済波及効果

単位（百万円）	初期需要額	1次波及効果	2次波及効果	総合効果
2006（H18）	3,860	4,927	754	5,681
2009（H21）	2,517	3,097	464	3,560
2012（H24）	3,345	4,030	620	4,650
2015（H27）	3,538	4,350	740	5,089

（注）第1回と第2回は計算方法が異なるため除外．
（出所）公式ホームページを基に筆者作成．

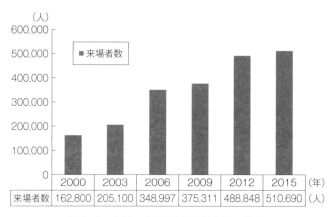

図3-2 大地の芸術祭来場者人数の推移
(出所) 大地の芸術祭公式ホームページを基に筆者作成.

落のお祭り,芸術祭の作品巡りなどの活動があり,それらの活動を応援する仕組みとして,スポンサー,ふるさと納税,古民家オーナーのほか,まつだい棚田バンクやこへび隊などのユニークな活動も設けられている.まつだい棚田バンクとは,保全活動への協力として出資,実際に田植えなどの米作りに参加,そしてオーナーになった面積と収量に応じて米が配当される仕組みであり,こへび隊とは芸術祭のサポーターであり,作品管理,作品制作,案内,雪堀り,農作業,地元のお手伝いなど,芸術祭に関わる全ての活動をサポートする仕組みである.

　このような地域づくりの方法は,文化芸術による創造都市として新潟市のにいがた水と土の芸術祭や瀬戸内の瀬戸内国際芸術祭などの様々なプロジェクトに影響を与えている.また,アジアや欧米の美術関係者も注目しており,国際会議やシンポジウム等で取り上げられ,海外メディアでは妻有方式として紹介されるなど,国内外で美術の枠を越えた評価を得ている.

4. 十日町市のスポーツ環境

クロスカントリースキー

　十日町市は，十日町盆地に位置する地形と，冬には2メートルを越える積雪がある自然条件を生かして，昔からクロスカントリースキーが盛んである．吉田クロスカントリー競技場は，国際スキー連盟（FIS）公認のクロスカントリースキーコースで，5キロコースが2本のほか3キロコースなどが設置されている．また，芝生の広場やローラースキーコースも完備されており，夏季でも利用できる．2009（平成21）年に開催された2009トキめき新潟国体のクロスカントリー競技会場として使用され，2017（平成29）年1月には全日本スキー選手権大会クロスカントリー競技も開催された[7]．

女子レスリング「桜花レスリング道場」

　競技スポーツの世界では，十日町といえば桜花レスリング道場がある町として知られている．道場は，廃校となった小学校の校舎を改修し，全日本女子

写真3-1　桜花レスリング道場の外観
（出所）十日町市HPより．

レスリングチームの合宿施設として，1991（平成3）年に整備された．ちなみに，その当時，女子レスリングは，オリンピックの正式競技として認められておらず，いわゆるマイナー競技であった．道場は，1階が練習スペース，2階が宿泊スペースとなっており，道場前には急勾配の坂もあり，トレーニングに最適な環境が整っている．女子レスリングの強さは，脚光を浴びる以前からこのような充実した環境を整えていたおかげかもしれない．2016年リオデジャネイロ五輪では，伊調馨選手が3連覇を成し遂げ，女子全6階級のうち計4階級を制覇した．同年9月には十日町市でも凱旋報告会が開催され，2000人程の市民が集まった[8]．このような長年に渡る地元での活動は，選手強化への貢献はもちろんだが，市民にとっても親近感の沸くスポーツ種目になっていると考えられる．

サッカー「クロアチアピッチ」

2002（平成14）年のサッカーワールドカップ日韓大会で，クロアチア代表チームは十日町市で事前キャンプを行った．その際に使用した施設が当間高原リゾート・ベルナティオと，併設する多目的グラウンドである．

ベルナティオは，総合保養地域整備法（通称：リゾート法）によって承認された新潟県の雪と緑のふるさとマイ・ライフリゾート新潟構想で建設された法人会員制リゾート施設である．開発主体は，新潟県，十日町市及び中里村（当時）の3自治体と民間27団体が出資して設立された株式会社当間高原リゾートで，1996（平成8）年の開業までに約425億円が開発費としてかけられた．付属施設として18ホールのゴルフコースや10面のテニスコートなどのスポーツ施設，フラワーガーデン，自然散策道，体験交流施設等が整備されている．また，クロアチア代表の事前キャンプが決定したことにより，多目的グラウンドとして天然芝のサッカーコート2面が整備され，キャンプ後はクロアチアピッチと名付けられ[9]，2003（平成15）年からは，毎年9月にクロアチアカップサッカーフェスティバルというサッカー大会が開催されている[10]．その他，2012（平成24）年には，クロアチアピッチに隣接するかたちで，クロアチアの建築家からデザイ

ンの無償提供を受け，ジャパン・クロアチアフレンドシップハウスが建てられた[11]．

このように，十日町市はクロアチアとの友好交流を続けてきた．その甲斐もあり，2016（平成28）年1月，国が推進する2020年東京オリンピック・パラリンピック大会におけるホストタウンの第1次登録団体として認定された．ホストタウンの推進事業として，市内の学校給食でクロアチアにちなんだ料理を提供したり，市内の企業が写真展を開催するなど様々なイベントが行われている．

陸上競技「夏合宿」と「十日町長距離カーニバル」

十日町市は，伝統的に陸上競技の長距離に強い地域であり，日本代表レベルの長距離選手を複数輩出している．また，日本陸上競技連盟公認の第2種競技場である十日町市陸上競技場と山に囲まれた適度な勾配地形を生かして，大学や実業団の夏合宿の誘致を積極的に進めている．そして，合宿に来る日本トップレベルの選手の走りを地元選手に体感してもらおうと，毎年9月に十日町長距離カーニバルが開催され，2017（平成29）年で29回目を数える伝統ある大会になっている．その他，毎年1月2日，全国各地から参加者が集う十日町新雪ジョギングマラソン大会は，2017（平成29）年で第38回をむかえる十日町市の恒例イベントとなっている．

十日町雪まつり

自然条件を最大限に生かしたイベントとして，十日町雪まつりを外すことはできない．1950（昭和25）年の第1回では，雪の芸術展や十日町小唄を踊る雪中カーニバルのほか，スキー駅伝大会なども行われていたようで，スポーツイベントとしての色合いがあったといえる[12]．雪まつりは，冬の厳しさも美しさも知り尽くした地元住民の「雪を友とし，雪を楽しむ」という自発的な思いから生まれたもので，発想の背景には，終戦以降，製造が禁止されていた絹織物製品の生産が再開され，地元産地を元気にさせるような社会的，経済的状況があっ

た[13]. なお，同年から始まった札幌市の雪まつりは，札幌市と観光協会の行政主導で生まれたものだったため，十日町雪まつりが現代雪まつり発祥の地として知られている[14]. また，2008（平成20）年からは，雪まつりの雪上ステージを活用した豪雪JAMという音楽イベントが生まれ，若者の人気を集めるフェスとして毎年動員数を増やしている．このような音楽イベントは一般的に夏をイメージしてしまうが，あるものを有効利用して楽しもうとする十日町市民の柔軟な思考が発揮されている．

5. 十日町市スポーツコミッションの設立経緯

　様々なスポーツイベントを開催してきた十日町市では，2013（平成25）年5月，スポーツの価値をまちづくりに積極的につなげようと十日町市スポーツコミッションが設立された．その発端は，2002（平成14）年のクロアチア代表チームによるサッカーワールドカップの事前キャンプにまでさかのぼることになる．その間にはいくつかの組織が発足し，様々な議論が行われてきたため，その経緯を詳しく見ていくことにする（表3-3）．

　2004（平成16）年，クロアチア代表チームの事前キャンプの経験や市民の思いから，教育委員会の主導によって，スポーツによる十日町市形成に向けたまちづくり協議会が発足する．当時の十日町市は市町村合併を控えており，住民のまとまりを形成したいという思いや，事前キャンプで活躍した市民ボランティアの活動を2009（平成21）年に新潟県で開催される冬季国体につなげて成功させたいという思いを持っていた．また，スポーツへの熱き思いを，いかにして地域づくりや地域の活性化に活かすかという大きな思惑もあった．そして，協議会は，市体育協会が中心となって① スポーツを活かした地域の活性化の方策検討，② 総合型地域スポーツクラブの形成，③ 高齢，健康，国際，交流をキーワードにした地域づくりの3つの活動方針をまとめたものの，教育委員会主導の，いわゆる行政依存の状態であったため，すぐには具体的な行動へと

表3-3 設立までの概要一覧

年	概要
2002(平成14)年5月	サッカーワールドカップ日韓大会 クロアチア代表チームキャンプの実施
2004(平成16)年	スポーツによる十日町市形成に向けたまちづくり協議会の発足
2006(平成18)年	総合型地域スポーツクラブ設立準備委員会の発足
2008(平成20)年3月	総合型地域スポーツクラブ「ネージュスポーツクラブ」の設立
2008(平成20)年5月	十日町市スポーツコミッション地域再生協議会の発足
2012(平成24)年6月	十日町市スポーツコミッション設立に向けた準備会の発足
2012(平成25)年5月	十日町市スポーツコミッションの設立

(出所)十日町市スポーツコミッションへのヒアリング調査時の提供資料「スポーツを活かした十日町市のまちづくり」(2014年3月3日)より筆者作成.

直結しなかった.

しかし,事前キャンプでの経験から,住民の中に「誰かがやってくれるのではなく,自分がやる」「個の力は小さい,しかし協調することで大きな力に」「大人が変われば,子どもは変わる」という思いが形成され,2006(平成18)年,協議会に参加していたメンバーのうち,小中学校の教職員を中心とした80名程度の有志が総合型地域スポーツクラブ設立準備委員会を設立する[15].当時,子供たちの体力と学力の二極化が叫ばれており,学校では様々な対策が行われていたが,それらの取組みでは限界があり,いかにして育てていくかというのが地域の課題であった.そして,この解決には,学校間の連携を図って地域全体で育てていく仕組みが必要という認識から,2008(平成20)年3月,横のつながりを生み出せる総合型地域スポーツクラブとしてネージュスポーツクラブが設立されたのであった.

ネージュスポーツクラブは,子供たちのスポーツ活動を充実させることに貢献はできたものの,地域の活性化にはなじまないという新たな問題が表出してしまう.そこで,スポーツを活かした地域の活性化に特化した組織で,かつ連

携組織体で作ろうという新たな議論が生まれる．そして，2008（平成20）年5月，十日町市スポーツコミッション地域再生協議会が発足する．協議会は，様々な関係組織や団体によって構成され，市民の希望や要望に対する解決策を作成し，その効果を実証することで，行政主導ではなく民間主導の必要性の根拠を積み重ねていく．また，協議会は様々な情報を積極的に行政へ提供することで，スポーツに関する主な窓口である教育委員会だけでは対応できない状況を作り出し，他部局との調整を取るような方向へと導いていく．そうすることで，スポーツによる地域の活性化に特化した連携組織体の必要性の機運を高めていったのであった．市体育協会や市観光協会等に働きかけをしながら協議を進め，スポーツコミッションの設立合意にたどり着き，2012（平成24）年6月，協議会の活動を継続しつつ，十日町市スポーツコミッションの設立に向けた準備会を発足させ，組織化への準備に入る．そして，翌2013（平成25）年5月，「スポーツを活かした地域活性化のグランドデザイン，あるいはプランニング・プロデュースできる組織，人が必要である」[16]という協議会の結論のもと，協議会，ネージュスポーツクラブ，市体育協会および市観光協会が中心となって，十日町市スポーツコミッションが設立されたのであった．

これらの経緯から設立されたコミッションは，地域資源としてスポーツを総合的に活用しながら，まちづくりに資する施策の提言や施策を検討し，実行することに主眼を置いている．また，連携組織体としての体制を活かし，十日町市のプラットフォームとして地域の情報発信を行いながら，地域アイデンティティの醸成とビジネスの創出に貢献するものである．

▮ *6.* 十日町市スポーツコミッションの活動

2013（平成25）年5月に設立された十日町スポーツコミッション．その目的は，「市民や団体が連携し，スポーツキャンプ，スポーツ合宿及びスポーツイベント並びにこれらに関連する事業を通して経済的効果や社会的効果を発揮させ，

表3-4　十日町市スポーツコミッションの事業

1. スポーツキャンプ及びスポーツ合宿の拠点としての地域のイメージづくり事業
2. スポーツキャンプ及びスポーツ合宿の拠点としての環境づくり事業
3. スポーツキャンプ，スポーツ合宿及びスポーツイベントの誘致及び開催に関する事業
4. スポーツキャンプ，スポーツ合宿及びスポーツイベントの開催に係わるワンストップサービス事業
5. 各種事業開催に伴う調査，研究及び提言に関する事業
6. 前各号に掲げるもののほか，本会の目的を達成するために必要な事業

（出所）十日町市スポーツコミッション公式ホームページ（https://tokamachi-sc.jimdo.com/，2018年1月20日閲覧）を基に筆者作成．

地域づくりや地域の活性化に寄与すること」[17]であり，6つの具体的な事業を挙げている（表3-4）．また，コミッションは，① 身の丈にあった取組みに注視し，② 地域にあるものを財産として使用し，③「人」のネットワークと「人」がトップセールスマンという地域の最大資源を活かしつつ，行政には自然体で参画してもらうことを基本的なスタンスとしている[18]．

　これらのスタンスを象徴する例が2つある．1つが，12月から3月まで降り積もる雪を地域の財産として捉え，冬期間ほぼ使用されないサッカーグラウンドやゴルフコースを活用しようと考案されたスノーモービルのスクール誘致である．実際，公認講習会の開催要件である公認インストラクターを養成し，一般財団法人日本モーターサイクルスポーツ協会の公認チームであるスポーツモービルチーム十日町を結成，旅行会社とタイアップしてツアーの実施にこぎつけた．また，2016年1月には積雪不足で中止になってしまったが，全日本スノーモービル選手権第1戦が十日町市で開催されることになっていた．このような経験を積み重ねることで，2015（平成27）年度には，スポーツ庁のスポーツによる地域活性化推進事業に採択され，10回ほどのスクールやツアーが実施された．もう1つが，元マラソン選手でオリンピック出場経験のある新宅雅也に対して提案したランニングチームTEAM SHINTAKUである．その取組みは，単にマラソン愛好者のクラブを作るというものでなく，新宅の指導力，情報発信力及びネットワークを活用させてもらいながら，人と人さらに地域と地域の

交流を生み出し，十日町市を拠点とするランニングのコミュニティの形成を目指そうとするものであった．実際，十日町市と東京に拠点が設立され，年に数回，陸上競技場などで合宿が行われている．

7. 新たな取組み
——FC越後妻有の挑戦——

　大地の芸術祭は，アーティストの魅力的な作品によって里山に人を呼び込むだけではない．作品の制作過程で生まれる協働によって，地域を魅力的な場所に変化させ，食，音楽，里山探訪，林間学校などの新たな広がりを生み出している．その広がりはスポーツにも波及し，2016（平成28）年，FC越後妻有という女子サッカークラブが設立された[19]．

　地域は過疎で農業の担い手不足に悩んでおり，芸術祭の主催者であるNPO法人越後妻有協働機構も作品の1つである棚田を保全する担い手として人手，できれば若者が欲しい．一方，女子サッカー選手は，男子の競技環境に比べると発展途上の状況にあり，社会人として続けられる環境は十分に整っていない．関連のなさそうな2つの課題を解決するため，クラブの坂口淳ゼネラルマネージャーは，地域にとっては若くて活力のある女性が来てくれる，選手にとっては競技を続けることができて生計も立てられるという，農業の担い手兼選手という仕組みを考案した[20]．現在，選手は県外から移住してきた2名のみでクラブとしてプレーできないため，日常練習は市内の女子クラブに参加させてもらっている状況で，なでしこリーグ参入までの道のりは長い[21]．しかし，大地の芸術祭というスポーツとは異分野の取組みから生まれ，そして農作業に従事しながら上を目指そうとするFC越後妻有の挑戦は，今後のスポーツと地域の在り方を考えていくうえで非常に参考になるはずだ．

まとめにかえて

　本章では，十日町市を取り上げ，スポーツや芸術分野の活動，地域スポーツコミッションの設立経緯，さらに具体的な活動を見てきた．少子高齢化，過酷な自然環境，不利な地理的条件等，数多くのハンデが存在するが，十日町市はそれらを逆転の発想で有効活用してきた．その特徴は，十日町市スポーツコミッションの基本的なスタンスに集約されているが，改めて整理すると以下の3点にまとめられる．

　第1が，行政依存から脱却した住民主体の活動という点である．雪まつりに代表されるように，十日町市では古くから地元住民が主体となって様々なイベントが行われてきた歴史がある．その地域の風土とクロアチア代表の事前キャンプの経験が上手く結びついたことで，スポーツ関係者は地域とスポーツの問題を自分事として捉えるようになり，様々な面白い取組みが生まれている．

　第2が，地域の資源を利用しながら身の丈にあった活動をしている点である．スノーモービルのスクール誘致では，雪に覆われた使用されない広大な土地を活用し，参加者の募集は旅行会社とタイアップして自分たちの苦手分野をカバーしてもらった．あるモノを探して自分たちで対応しながらも，ないモノは外部に依頼することで，自分たちが作ることのできる最大限のイベントを開催している．また，このようなイベントの誘致は，スポーツによる地域活性化でよくある取組みであり，施設や地理的条件で競うことが多い．しかし，十日町市が最も違うのは，インストラクターという人的資源を準備することで，簡単に他の地域が真似できないように工夫しているのである．

　第3が，地域及び住民のアイデンティティを醸成しながら同時に，ビジネスとしての一面も有している点である．TEAM SHINTAKUの提案は，十日町市の陸上関係者が長年培ってきた新宅とのつながりを上手く活用したものである．また，十日町市と東京にクラブを作ることで，人と地域の交流を生み出す．

そして，年に数回開催される合宿は，宿泊施設や交通機関の利用につながり，経済的な効果を生んでいる．

注

1）日本スポーツコミッション公式ホームページ「SCJ（一般財団法人日本スポーツコミッション）とは？」(http://sportscommission.or.jp/aboutus/，2017年9月30日閲覧).
2）文部科学省（スポーツ庁）[2017] より．
3）スポーツ庁は，以下の4つの条件を満たしている組織を，地域スポーツコミッションの推進組織として集約している．①常設の組織であり年間を通じて活動を行っていること（時限の組織を除く）．②スポーツツーリズムの推進，イベントの開催，大会や合宿・キャンプの誘致など，スポーツと地域資源を掛け合せたまちづくり・地域活性化を主要な活動の1つとしていること．③地方自治体，スポーツ団体，民間企業（観光産業，スポーツ産業）等が一体となり組織を形成，または協働して活動を行っていること．④特定の大会・イベントの開催及びその付帯事業に特化せず，スポーツによる地域活性化に向けた幅広い活動を行っていること．
4）十日町市公式ホームページ「十日町市の沿革」(http://www.city.tokamachi.lg.jp/shisei_machidukuri/F068/F069/1454068593055.html，2017年9月30日閲覧).
5）十日町市公式ホームページ「十日町市の沿革」(http://www.city.tokamachi.lg.jp/shisei_machidukuri/F068/F069/1454068593055.html，2017年9月30日閲覧).
6）越後妻有アートネックレス整備構想は，以下の4つの事業で構成された．①越後妻有8万人のステキ発見事業．地域の魅力を発見するために行われた写真と言葉のコンテストで1998年から1999年に実施．②花の道事業．花を使って広域を繋ぐ交流ネットワークづくり．③ステージ整備事業．地域の交流拠点の整備．④大地の芸術祭．アートネックレス整備事業の成果をアーティストの助力を得ながら3年に一度公開し，広く周知するための国際展．
7）十日町市公式ホームページ「天皇杯第96回全日本スキー選手権大会クロスカントリー競技」(http://www.city.tokamachi.lg.jp/manabi_bunka_sports/D001/D002/1484200188049.html，2018年3月21日閲覧).
8）十日町市公式ホームページ「2016リオデジャネイロ五輪女子レスリング凱旋報

告　会　」(http : //www. city. tokamachi. lg. jp/manabi_bunka_sports/D001/D002/1473726943924. html, 2018年3月21日閲覧).

9) 十日町市公式ホームページ「当間多目的グラウンド（クロアチアピッチ）」(http : //www. city. tokamachi. lg. jp/manabi_bunka_sports/D001/D004/1455242891246. html, 2018年3月21日閲覧).

10) 十日町市公式ホームページ「クロアチアとの交流」(http : //www. city. tokamachi. lg. jp/soshiki/ki02/03/01/gyomu/1450421528947. html, 2018年3月21日閲覧).

11) 十日町市公式ホームページ「ジャパン・クロアチアフレンドシップハウス」(http : //www. city. tokamachi. lg. jp/soshiki/ki02/03/01/gyomu/1450421523323. html, 2018年3月21日閲覧).

12) 十日町雪まつり公式ホームページ「十日町雪まつりとは」(http : //snowfes. jp/wp/?page_id=4, 2018年3月21日閲覧).

13) 十日町市観光サイトとおかまち日和「白い愛の祭典　十日町雪まつり」(http : //www. city. tokamachi. lg. jp/kanko/K001/K006/1454068600858. html, 2018年3月21日閲覧).

14) 十日町雪まつり公式ホームページ「十日町雪まつりとは」(http : //snowfes. jp/wp/?page_id=4, 2018年3月21日閲覧).

15) 十日町市スポーツコミッションへのヒアリング調査時の提供資料「スポーツを活かした十日町市のまちづくり」(2014年3月3日).

16) 十日町市スポーツコミッションへのヒアリング調査時の提供資料「スポーツを活かした十日町市のまちづくり」(2014年3月3日).

17) 十日町市スポーツコミッション公式ホームページ (https : //tokamachi-sc. jimdo. com/, 2018年1月20日閲覧).

18) 十日町市スポーツコミッションへのヒアリング調査時の提供資料「スポーツを活かした十日町市のまちづくり」(2014年3月3日).

19) AGRI JOURNAL「農業と女子サッカー!?　越後妻有で奇跡的な融合！」(https : //agrijournal. jp/farmer/12273/, 2017年9月30日閲覧).

20) コロカルニュース「〈FC越後妻有〉めざせなでしこリーグ！お米を育てる女子サッカーチーム」(https : //colocal. jp/news/79073. html, 2018年3月21日閲覧).

21）新潟日報朝刊17頁（2016年6月18日）．

参考文献

越後妻有大地の芸術祭実行委員会［2000］『越後妻有アートトリエンナーレ2000　大地の芸術祭・統括報告書』（http : //www. city. tohttp : //www. city. tokamachi. lg. jp/ikkrwebBrowse/material/files/group/4/000013094. pdfkamachi. lg. jp/ikkrwebBrowse/material/files/group/4/000013094. pdf，2017年10月7日閲覧）．

国土交通省（観光庁）［2012］「観光立国推進基本計画」（http : //www. mlit. go. jp/common/000208713. pdf，2018年2月3日閲覧）．

国土交通省（観光庁）［2017］「観光立国推進基本計画（平成29年3月28日閣議決定）」（http : //www. mlit. go. jp/common/001177992. pdf#search=%27%E8%A6%B3%E5%85%89%E7%AB%8B%E5%9B%BD%E6%8E%A8%E9%80%B2%E5%9F%BA%E6%9C%AC%E8%A8%88%E7%94%BB%27，2018年6月4日閲覧）．

関西経済同友会スポーツ・観光推進委員会［2007］「提言 日本初のスポーツコミッションを大阪に――都市集客と都市マーケティング推進に向けて――」（https : //www. kansaidoyukai. or. jp/wp-content/uploads/2016/09/070509suportskanko_teigen. pdf，2018年2月3日閲覧）．

木田悟・藤口光紀・高橋義雄編［2013］『スポーツで地域を拓く』東京大学出版会．

スポーツ・ツーリズム推進連絡会議［2011］「スポーツツーリズム推進基本方針――スポーツで旅を楽しむ国・ニッポン――」（http : //www. mlit. go. jp/common/000160526. pdf，2018年2月3日閲覧）．

大地の芸術祭・花の道実行委員会［2003］『越後妻有アートトリエンナーレ2003　第2回大地の芸術祭・統括報告書』（http : //www. city. tokamachi. lg. jp/ikkrwebBrowse/material/files/group/4/000013095. pdf，2017年10月7日閲覧）．

大地の芸術祭実行委員会［2006］『越後妻有アートトリエンナーレ2006　第3回大地の芸術祭　統括報告書』（http : //www. city. tokamachi. lg. jp/ikkrwebBrowse/material/files/group/4/000013096. pdf，2017年10月7日閲覧）．

大地の芸術祭実行委員会［2010］『大地の芸術祭　越後妻有アートトリエンナーレ2009　統括報告書』（http : //www. city. tokamachi. lg. jp/ikkrwebBrowse/material/files/

group/4/000013097. pdf，2017年10月7日閲覧）．

大地の芸術祭実行委員会［2013］『大地の芸術祭　越後妻有アートトリエンナーレ2012統括報告書』（http：//www. city. tokamachi. lg. jp/ikkrwebBrowse/material/files/group/4/000028292. pdf，2017年10月7日閲覧）．

大地の芸術祭実行委員会［2016］『大地の芸術祭　越後妻有アートトリエンナーレ2015統括報告書』（http：//www. city. tokamachi. lg. jp/ikkrwebBrowse/material/files/group/4/daitinogeijyutusaihonpensyusei. pdf，2017年10月7日閲覧）．

辻本千春［2015］「スポーツ観光による地域活性化に関する一考察・新潟県十日町市――健康系ツーリズムによる地域活性化の要因・拠点論――」『大阪観光大学紀要』15.

十日町市［2017］『スポーツ推進計画』（http：//www. city. tokamachi. lg. jp/ikkrwebBrowse/material/files/group/10/suisinnkeikaku. pdf，2018年6月4日閲覧）．

日本スポーツツーリズム推進機構編［2015］『スポーツツーリズム・ハンドブック2013』学芸出版社．

農林水産省林野庁［2005］『平成16年度国土施策創発調査「二地域による多自然居住地域支援の可能性に関する調査報告書」（山村地域における森林のレクリエーション利用による二地域居住と地域間連携のあり方に関する調査）』（http：//www. mlit. go. jp/kokudokeikaku/souhatu/h16seika/14hantei/14_sanson2. pdf，2017年10月7日閲覧）．

堀繁・薄井充裕・木田悟編［2007］『スポーツで地域を作る』東京大学出版会．

文部科学省［2010］『スポーツ立国戦略』（http：//www. mext. go. jp/component/a_menu/sports/detail/__icsFiles/afieldfile/2010/09/16/1297203_02. pdf，2017年7月7日閲覧）．

文部科学省［2012］『スポーツ基本計画』（http：//www. mext. go. jp/component/a_menu/sports/detail/__icsFiles/afieldfile/2012/08/08/1319359_5_1_1. pdf，2017年7月4日閲覧）．

文部科学省（スポーツ庁）［2017］『スポーツ基本計画』（第2期）（http：//www. mext. go. jp/prev_sports/comp/a_menu/sports/micro_detail/__icsFiles/afieldfile/2017/03/23/1383656_002. pdf，2017年7月4日閲覧）．

4 sports governance & management
文化・スポーツイベントによる地域の活性化
—— 新潟市の取組み ——

1. 新潟市の概況

　新潟市は，新潟県中部から北部にかけて広がる越後平野に位置し，市内には信濃川と阿賀野川の河口がある．福島潟や鳥屋野潟といった多くの水辺空間もあるほか，飯豊連峰などの山並みも一望できる自然に恵まれた環境を有している．そのため，新潟を代表する米のほか，野菜，果物，畜産物などの農畜産

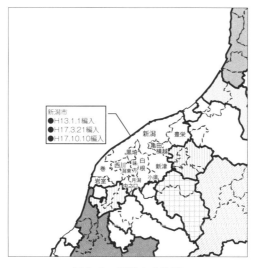

図4-1　新潟市の位置
（出所）新潟県ホームページより一部改変．

物の一大産地でもある．また，本州の日本海側最大の都市で，県庁所在地も置かれており，現在の人口は79万7020人（平成29年9月30日住民基本台帳2017年月末日）である．

2001（平成13）年，黒埼町と合併，2005（平成17）年3月には新津市，白根市，豊栄市，小須戸町，横越町，亀田町，岩室村，西川町，味方村，潟東村，月潟村，中之口村の12市町村を編入し，同年10月には巻町も編入し，現在の新潟市が誕生した．また，2007（平成19）年には，政令指定都市へ移行し，現在は8つの行政区が設けられている（図4-1）．なお，新潟市と同時期に移行した都市として静岡県浜松市があり，2017年現在で全国に20の政令指定都市が存在する．

2. 文化・芸術活動

新潟を代表するものとして米と日本酒がある．その日本酒を活かして一大イベントとなったのが，毎年3月に開催される催しの新潟淡麗にいがた酒の陣である．2004（平成16）年，新潟県酒造組合の設立50周年を記念して，19世紀の初めからドイツのミュンヘンで毎年10月に開催されるオクトーバーフェストというビールの祭りをモデルに始まり，年々来場者数は増え，2017（平成29）年の祭りでは2日間で約13万人を記録した[1]．

芸術に関する大きなイベントしては，2009（平成21）年から始まった水と土の芸術祭があり，モデルとした十日町市と津南町で開催される大地の芸術祭と同様，3年に1度開催されている．2015（平成27）年の第3回は，7月18日から10月12日までの87日間，水と土の象徴である「潟」を中心に，市内各所で作品展示，パフォーマンス，ワークショップ，シンポジウムなど様々なプログラムを展開された．また，芸術作品の展示だけではなく，市民が企画立案したプロジェクト，大学や教育関係者と連携して企画，運営する子供を対象としたプロジェクト等，様々なイベントが催された．

2004（平成16）年4月には，コンサートホールや劇場などを有する新潟市民芸

術文化会館(愛称：りゅーとぴあ)の劇場専属の舞踊団(ダンスカンパニー)としてNoism(ノイズム)が設立された．金森穣が舞踊部門芸術監督兼リーダーを務める国内で唯一の公共劇場専属舞踊団であり，現在は正式メンバーで構成されるNoism1(ノイズムワン)と研修生が所属するNoism2(ノイズムツー)の2つのカンパニーが置かれ，国内外問わず各地で公演を行っており，2019(平成31)年8月末までの活動延長も決まっている[2]．ノイズムの公演にかかる事業費や団員の給与等は，新潟市が全額拠出する公益財団法人新潟市芸術文化振興財団の事業費で主に賄われており，公演等に関わる事務等についても財団が支援を行っている．

また，2016(平成28)年9月，公益財団法人新潟市芸術文化振興財団は，① 2020年東京オリンピック・パラリンピック競技大会に向けた文化プログラムに全市一体で取組み，市民の文化芸術活動の活性化を図るとともに，国際観光の振興や経済活動の推進につなげること，② 大会終了後も，その成果を継承し，持続的な文化創造都市の推進体制を構築することを目的として，文化芸術活動の支援組織アーツカウンシル新潟を設立した．地域の文化芸術活動に関する事業の実施や支援の他にも，調査研究機関としてのシンクタンク機能も有している．

その他，新潟市が著名な漫画家を輩出していることから，マンガに関するイベントとしてにいがたアニメ・マンガフェスティバル(がたふぇす)や新潟国際アニメ・マンガフェスティバル(JAMフェス)等も開催されている．

3. スポーツ環境

スポーツ施設

新潟市は，旧新潟市を除く14市町村の公共スポーツ施設を引き継いでいるため，数多くの施設を保有しており，主な施設として体育館31施設，プール19施設，野球場31施設，陸上競技場1施設が挙げられる[3]．そのほか，西区の西総合

スポーツセンター内にあるアーチェリー場や東区の東総合スポーツセンター内にあるクライミングルームといった珍しい施設も存在する．

　市内最大の新潟県スポーツ公園は，1990年初めから進められている鳥屋野潟南部開発計画の総合スポーツゾーンとして整備され，デンカビッグスワンスタジアム等が設置されている[4)5)6)]．同スタジアムは，2009（平成21）年の第64回国民体育大会トキめき新潟国体に合わせて整備が進められ，2002年サッカーワールドカップ日韓大会の会場に決まったことによって4万人規模のスタジアム案に置き換えられ，2001（平成13）年に完成した．なお，指定管理者制度が導入されており，プロサッカークラブのアルビレックス新潟と県の外郭団体である財団法人新潟県都市緑花センターによる企業体であるアルビレックス新潟・都市緑花センターグループが，指定管理者として管理運営を行っている．

　また，2014（平成26）年2月，室内スケートリングが，設計（Design），建設（Build），運営・維持管理（Operate）を民間事業者に一括して委ねるDBO方式を用いて，新潟県スポーツ公園に隣接するかたちで完成した[7)]．完成後の運営にあたっては，維持費等を確保するために市保有の施設として初となる施設命名権（ネーミングライツ）が導入され，市内に本社を置くアサヒアレックスホールディングスが契約期間5年2カ月，年額1270万円で権利を取得し，名称は新潟アサヒアレックスアイスアリーナとなった[8)]．

新潟市とスポーツ

　新潟市には数多くのスポーツチームが存在する．アルビレックスという名称を使用したチームとしては，サッカーJリーグのアルビレックス新潟，バスケットボールBリーグの新潟アルビレックス新潟BB（Bリーグ設立に伴い，本拠地を中越地方の中心都市である長岡市に移した），プロ野球BCリーグの新潟アルビレックスBC，サッカーなでしこリーグのアルビレックス新潟レディース，陸上競技の新潟アルビレックスランニングクラブ，チアダンスのアルビレックスチアリーダーズ等がある．

また，新潟市にはアマチュアの野球愛好者が多く，いわゆる草野球が盛んに行われており，毎年開催される新潟市早起き野球大会は，2017（平成29）年には52回を数える歴史ある大会となっている[9]．大会には200チーム程度が参加し，過去には900チームほどの登録があったようで，全国でも非常に大きい大会となっている[10]．そのような影響もあるのか，市内には軟式野球部を持つ企業も数多く存在する．

　そのほか，一般的には知られていないが，毎年3月，全国高校選抜レスリング大会が新潟市体育館を会場にして開催されている．この大会が新潟市で開催されるようになったのは，日本レスリング界の第一人者で新潟県出身の風間栄一の功績を称えて，1953（昭和28）年から始まった風間杯争奪全国高等学校レスリング大会に由来する[11]．途中，数年間の中断を挟みながら，1984（昭和59）年に全国高等学校体育連盟の主催大会として承認され，インターハイ，国体と並ぶ高校レスリングの三大大会に位置付けられるようになった．

行政の取組み

　地方自治体は，分野別に計画を立て，それらの計画に基づいて公共サービスを展開している．そして，全ての計画の最上位に位置付けられ，行政運営の総合的な指針となるのが総合計画である．一般的に，基本構想，基本計画および実施計画の3段階で構成され，基本構想では10年程度の地域づくりの方針を示し，基本計画ではそれを受けて5年程度の行政計画が策定され，さらに実施計画では3年程度の具体的施策を示す場合が多い．

　新潟市も，2015（平成27）年度からの8年間計画としてにいがた未来ビジョン[12]を策定している（図4-2）．基本構想では，「日本海拠点の活力を世界とつなぐ，創造交流都市」を掲げ，食と花や自然，文化やスポーツなどで新潟市の魅力を発揮して，人や物など多様な交流が盛んに行われ，さらに市内経済の活性化を図るといったことが挙げられ，基本計画でも同様の内容が盛り込まれている．また，2017（平成29）年度と2018（平成30）年度の第2次実施計画[13]では，「政策

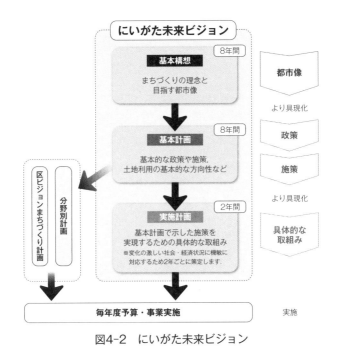

図4-2 にいがた未来ビジョン

(出所)新潟市公式ホームページ(https://www.city.niigata.lg.jp/shisei/seisaku/seisaku/sogo/miraivision/index.html, 2018年2月3日閲覧).

10 魅力を活かした交流拠点」の「施策31 優れた拠点性を活かした広域的な交流人口の拡大」において,オリンピック・パラリンピック競技大会等に向けた合宿誘致推進事業,新潟シティマラソン開催事業,新潟市早起き野球大会と全日本早起き野球大会開催事業が,スポーツ関連の事業として挙げられている.

　総合計画は,地方自治体が取り組むべき事業を網羅しているが,スポーツ分野に特化した計画として地方スポーツ推進計画が存在し,多くの自治体が策定している[14](図4-3).新潟市でも,2015(平成27)年に新潟市スポーツ推進計画,第2次「スポ柳都にいがた」プランを策定した.計画期間は,2015(平成27)年度から2025(平成34)年度までの8年間で,4つの基本方針と各々の分野にまたがるスポーツ情報ネットワークとスポーツ医科学支援体制の推進を図りながら「市民のだれもが,いつでも,どこでも,いつまでも,だれとでもスポー

図4-3　にいがた未来ビジョンとスポ柳都にいがたの関係
(出所) 新潟市『第2次「スポ柳都にいがた」プラン』2015年.

ツに親しみ楽しむことができる「スポーツに満ちた明るく豊かな新潟市」の実現」という基本理念目指している．また，同計画では，基本理念と4つの基本方針の下に，複数の基本目標を挙げ，到達目標である「週1日以上スポーツをする市民の割合を65パーセント（3人に2人）にする」ことの実現を図っている（表4-1）．

4. 新潟市文化・スポーツコミッション

　第2次「スポ柳都にいがた」プランに追加された注目点として，「文化・スポーツコミッションと一体となった大会・合宿等の誘致」が挙げられる．

　2013（平成25）年10月，新潟市に地域スポーツコミッションが発足した．正式名称は，新潟市文化・スポーツコミッションであり，地域を元気にする「スポーツ」と，地域に誇りを与え，地域全体の一体感を高める「文化」の2つの力を活用するために併記されている[15]．会長には市長が，副会長には商工会議

表4-1　第2次「スポ柳都にいがた」プランの概要

【基本理念】
　市民のだれもが，いつでも，どこでも，いつまでも，だれとでもスポーツに親しみ楽しむことができる「スポーツに満ちた明るく豊かな新潟市」の実現を目指します。

【基本方針】
　4つの基本方針をもって施策の推進を図り，それぞれの分野にまたがる「スポーツ情報ネットワーク」と「スポーツ医科学支援体制」を充実させます。

1　健康スポーツ～生涯にわたるスポーツ活動を推進します～
　子どもから高齢者，障がい者までが生涯にわたって，スポーツ・レクリエーションを通じて，健康で豊かな生活を営むことのできる取り組みを推進します。

2　競技スポーツ～競技力の向上を推進します～
　新潟から世界へ羽ばたく選手を育成し，世界を目指すスポーツ文化の発信地になる夢を実現するため，競技力の向上を推進します。

3　みるスポーツ～みる機会，交流機会の拡大をはかります～
　国際・全国規模の大会やナショナルチームの合宿等を誘致するとともに，地元プロスポーツチームとの連携を推進し，トップアスリートのプレイを見ることで感動と興奮を共有し，ふれあいや地域の交流を促進します。

4　支えるスポーツ～スポーツを支える環境を構築します～
　地域で気軽にスポーツに親しめる環境づくりを促進するとともに，スポーツ施設の将来的なあり方についての方針を検討します。

【到達目標】
　週1日以上スポーツをする市民の割合を65パーセント（3人に2人）に

（出所）新潟市公式ホームページ「新潟市スポーツ推進計画　第2次「スポ柳都にいがた」プラン概要版」（https：//www.city.niigata.lg.jp/shisei/seisaku/seisaku/keikaku/kankosports/sportsplan/sportsplan-gaiyo.html，2018年2月3日閲覧）。

所の会頭と経済同友会の代表幹事がつき，委員には，学識経験者，文化団体，スポーツ団体，観光団体のほか，報道機関や行政機関も名を連ね，全国規模や国際規模の文化，スポーツイベント等の誘致や支援を通じて，文化，スポーツの振興はもちろんのこと，交流人口の拡大による地域経済の活性化を目指している[16]．また，主な事業として文化，スポーツイベント等の誘致に関すること，文化，スポーツイベント等の開催支援に関すること，その他コミッションの目的達成のために必要な事業に関することを挙げ，実行委員会と2つの専門委員会（文化部門とスポーツ部門）が具体的な事業活動を行っている[17]．

事業活動

　事業活動は，誘致・招致活動，受入支援活動，観光連携活動，広報活動の4つを柱にして進めている[18]．第1の誘致・招致活動は，行政，競技団体，利用施設等との定期的な情報交換を行いながら，国際規模からブロック規模までの文化スポーツイベントや，国内外で開催される大規模大会にあわせたトップチームによる合宿の誘致を推進している．また，大会やキャンプ誘致に関するより精度の高い情報を収集したり，2020年東京オリンピック・パラリンピックに向けた対応も行っている．第2の受入支援活動は，受入支援メニューなどの充実にむけた活動で，参加者に満足してもらえるように，大会やイベント開催に関する様々な情報提供や支援活動を行ったり，宿泊予約サイトの活用といったサービスの向上等の取組みが行われている．また，東京オリンピック・パラリンピックの事前キャンプの受入れ準備も進めている．第3の観光連携活動は，観光事業者との連携強化やサービスの向上にむけた活動で，競技団体や観光関連事業者へのセミナー等を実施している．第4の広報活動は，地域メディアとの連携推進やITによる情報発信力の強化などに力を入れており，フィギュアスケートの今井遥選手をコミッション親善大使に起用して情報発信力を強化したり，SNSを積極的に活用しながら文化スポーツ関連情報の発信を行っている．

事業形態

　これまで，市内で行われるスポーツ大会や文化イベントにおいて，主催者は，行政，団体，会場，宿泊施設，旅行会社等に個別に相談や申請をしていた．また，参加者は申し込みをし，個別に交通事業者，飲食事業者，旅行会社等に問合せをしていた（図4-4）．このような非効率で煩雑な状況の中にコミッション

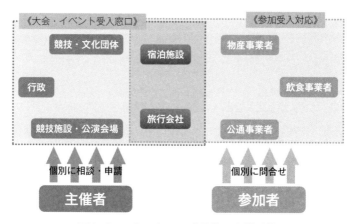

図4-4　コミッション発足前の事業形態

（出所）筆者作成．

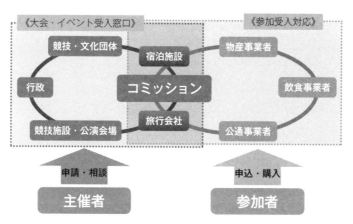

図4-5　コミッション発足後の事業形態

（出所）筆者作成．

が入ることで，大会・イベント受入窓口に関係する組織や団体の情報交換を促し，参加受入対応に関係する事業者間の情報連携を進めることができるようになった（図4-5）．

現在の取組み

現在のコミッションの取組みを事業活動ごとにみていくと，誘致活動では，重点競技種目に指定する野球，サッカー，スケート，ホッケー，新体操，バレーボール，バドミントン，バスケットボール，陸上競技，レスリング，卓球の11種目の中央競技団体に対してヒアリング調査を実施したり，2015（平成27）年4月に開かれたロシア・ソチでのスポーツアコードコンベンションや同年7月に開かれた東京でのSPORTEC2015に出展するなど，国内外で情報収集を行っている．また，東京オリンピック・パラリンピックに向けて合宿希望地の登録を行い，2016（平成28）年に新潟市で行われたサミット農業大臣会合を活用して大使館に対してアプローチもした．受入支援活動では，ナショナルチーム合宿誘致助成制度を創設したり，開催情報のヒアリングや満足度向上のためのアンケートを実施したりしている．観光連携活動では，観光関連事業者による歓迎ムード創出に向けた取組み支援の継続実施やエキスカーションへの取組みの強化を行い，広報活動では，オリンピックムーブメント創出に向けた取組みとして，オリンピックデーランやオリンピアンによるスポーツ教室などを行っている．

支援内容

コミッションは，全国規模や国際規模の文化，スポーツイベント等の誘致や支援を実現するため，様々な支援内容を設けている．その中でも手厚いものが財政補助であるが，コミッション独自の補助金制度はないため，ナショナルチーム合宿補助金制度，新潟市コンベンション開催補助金制度，新潟県コンベンション開催費補助金制度など，市や関連団体の制度を活用する仕組みになっている．
ナショナルチーム合宿補助金制度は，2016（平成28）年度から2018（平成30）

表4-2　ナショナルチーム合宿補助金制度
（新潟市文化・スポーツコミッション事業補助金（合宿誘致等））

項目	詳細
対象	各国ナショナルチームの合宿
内容	宿泊費，国内交通費，施設使用料の1／2以内
上限額	1団体あたり最大100万円
条件	① 練習施設と宿泊施設が新潟市内 ② 一回の合宿が2泊以上 ③ 延べ宿泊人数が30泊以上 ④ 練習の一般公開または技術指導 ⑤ 新潟市文化・スポーツコミッションが誘致したもの
範囲	① 東京と平昌のオリ・パラ実施競技で各国の代表チーム ② 年齢制限を付した各国代表チームも対象（上限額は半額）

(出所) 新潟市公式ホームページ「新潟市文化・スポーツコミッション事業補助金（合宿誘致等）」(https：//www. city. niigata. lg. jp/shisei/gyoseiunei/hojyokin/gyoseikeihi/bunka_sport/sportsshinko/supokomigasshuku. html, 2018年2月3日閲覧).

表4-3　新潟市コンベンション開催補助金制度

参加範囲	国際コンベンション	全国コンベンション	ブロックコンベンション
参加者数要件	① 日本を含む2カ国以上から20人以上の参加がある国際会議 ② 総参加者が20人以上で，かつ国外の参加者が10人以上ある国内会議	県外参加者が50人以上であること	県外参加者が50人以上であること
補助額	国外参加者数×5,000円＋県外参加者数×1,000円	県外参加者数×1,000円	県外参加者数×500円
限度額（開催総経費の1/3以内）	350万円	200万円	100万円
共通要件	・主な会場及び宿泊地が新潟市であること． ・会期が連続2日間以上であること．		

(出所) (公財) 新潟観光コンベンション協会公式ホームページ「補助金・助成金・貸付金制度　新潟市コンベンション開催補助金制度」(http：//www. nvcb. or. jp/ncn/01hojokin/niigatashi. html, 2018年3月21日閲覧).

年度までの3年間の期限つきの市の事業「新潟市文化・スポーツコミッション(合宿誘致等)」で，各国ナショナルチームの合宿を対象にして1団体あたり最大100万円まで，宿泊費や国内交通費の半額を補助している(表4-2)．新潟市コンベンション開催補助金制度は，公益財団法人新潟観光コンベンション協会が窓口となり，上限350万円までの補助を受けることができる(表4-3)．新潟県コンベンション開催費補助金制度は，新潟県産業労働観光部観光局交流企画課コンベンション推進グループが窓口となり，上限700万円までの補助を受けることができる(表4-4)．その他にも，伝統芸能アトラクション助成制度やエキスカー

表4-4　新潟県コンベンション開催費補助金制度

コンベンション区分		補助対象	算出方式			助成上限額
大会会議	通常補助	(学術・文化・国際交流) 県外国外参加者数が100人以上のもの (上記以外) 県外国外参加者数が500人以上のもの	参加者単価×参加者数＝補助額			700万円
			会期	県外者	国外者	
			2日	2,000円	10,000円	
			3日	3,000円	15,000円	
			4日以上	4,000円	20,000円	
	国際会議/誘致特別補助	参加者数100人以上で県外国外参加者数が35人以上の会議	上記にかかわらず1件あたり300,000円			
競技会コンクール		県外国外参加者数が500人以上のもの	参加者単価×参加者数＝補助額			700万円
			会期	県外者	国外者	
			2日	1,000円	5,000円	
			3日	1,500円	7,500円	
			4日以上	2,000円	10,000円	
		日本選手権等　新潟県の知名度向上等に特に寄与すると知事が認めるもの	上記にかかわらず大会・会議(通常補助)の参加者単価を適用			

(出所)(公財)新潟観光コンベンション協会公式ホームページ「補助金・助成金・貸付金制度　新潟県コンベンション開催補助金制度」(http://www.nvcb.or.jp/ncn/01hojokin/niigataken.html, 2018年3月21日閲覧).

表4-5　2015（平成27）年度と2016（平成28）年度の誘致実績

開催年度	大会数					参加者数
	国際	全国	ブロック	その他	合計	総計（ウチ県外）
2015（H27）	6	19	36	11	72	48,000（24,000）
2016（H28）	4	21	31	15	71	61,000（21,000）

（注）スポーツ部門のみ．
（出所）新潟市文化・スポーツコミッションへのヒアリング調査時提供資料「新潟市文化・スポーツコミッション誘致・受入支援大会・キャンプ概要」（2016年8月22日）より筆者作成．

ション助成制度も活用することができる．

　財政補助以外では，会場の紹介や斡旋，宿泊施設や旅行業者などの関連業者の紹介，広報活動への協力や歓迎看板の設置などの支援内容が設けられている．

実績

　コミッションが設立されたことで，情報交換や情報連携がこれまで以上に円滑になり，着実に実績を上げてきている．2015（平成27）年度と2016（平成28）年度の2年間の実績をみると，誘致した大会数は年間約70件にのぼり，参加者数は2015年（平成27）年度が4万8000人，2016年度（平成28）年度が6万1000人であった（表4-5）．また，2016（平成28）年度に誘致が成功した大会としては，6月の2016ジャパンパラ陸上競技大会，7月の日米大学野球選手権大会，9月のスケートショートトラック距離別選手権大会，9月の全日本マスターズ陸上競技選手権大会があった．その他，2016（平成28）年度は，5月にスケートショートトラック，6月に女子野球の日本代表合宿を実施することができた．

まとめにかえて

　本章では，新潟市の取組みを見てきた．新潟市は，市内の大型スポーツ施設や80万人規模の都市の大きさを活かして，様々なスポーツ大会や合宿を開催し

ており，特に，ここ数年，大規模スポーツイベントの誘致に成功している．その要因には，市の行政計画にスポーツイベントの誘致に関する内容が盛り込まれ，補助金制度を創設して積極的に展開していることはもちろん，任意団体ではあるが，会長に市長，副会長に経済団体のトップが就き，官民一体となって活動を展開するコミッションの存在も挙げられる．しかし，それらの活動から，スポーツコミッションの課題が見えてきた．

　第1が，イベントの方向性である．スポーツイベントを実施する際は，そのスポーツに関連する競技団体や組織のサポートが必要不可欠になる．そのため，誘致するイベントも従来の競技団体の枠で考えられることが多い．しかし，経済的側面を重視するのであれば，文化芸術活動のがたふぇすや日本酒を活かしたイベントである酒の陣のように，イベントを誘致するだけではなく，自ら新たなイベントを企画して集客につなげていくことが重要である．特に，酒の陣は，来場者の増加が運営団体の収入につながる仕組みを構築している．スポーツ活動においても，これらを参考にして，これまでにない独自イベントの企画に力を入れ，さらに収入につながる仕組み作りを考えていく必要があるだろう．また，スポーツ推進計画において，「週1日以上スポーツをする市民の割合を65パーセント（3人に2人）に」ということを到達目標にしている以上，スポーツの振興につなげる必要がある．新潟市の規模であれば，経済的効果を上げるためには，大規模イベントの誘致が必要になってくるのかもしれないが，いわゆる「する」スポーツの振興につなげる工夫も考える必要があるだろう．

　第2が，サポートの方法である．スポーツ大会や合宿を実施する際には，そのスポーツに関連する競技団体や組織のサポートが必要で，実際には運営スタッフの確保，体育館やグラウンド等の整備等，多くのマンパワーが必要になる．しかし，多くのスタッフはボランティアであり，より専門的なスタッフが必要にも関わらず，実際には素人が行っているのが実情である．大会や合宿を誘致するだけではなく，実施までを含めて総合的に検討していかなければならない．そのためには，実施団体との綿密な連携が重要なのはもちろん，競技団

体等の受け入れる側への財政的支援を充実させる必要もあるだろう．

注

1）新潟淡麗にいがた酒の陣公式ホームページ「新潟淡麗　にいがた酒の陣とは」（http：//sakenojin.jp/about.php，2018年2月3日閲覧）．
2）ノイズム公式ホームページ「カンパニーについて」（http：//noism.jp/about/company/，2018年3月21日閲覧）．
3）総務省「市町村経年比較表（平成18年度～27年度）」を基に筆者集計．
4）正式名称は新潟県立鳥屋潟公園新潟スタジアム．ビッグスワンとはスタジアムの愛称で，隣接する鳥屋野潟に飛来する白鳥と，スタジアムの屋根の形状に因んでいる．デンカとは，2013（平成25）年9月，電気化学工業㈱（現：デンカ㈱）が施設命名権（ネーミングライツ）を取得し，2014（平成26）1月1日より現名称となる．新潟県公式ホームページ「新潟スタジアムは『デンカビッグスワンスタジアム』となりました」（http：//www.pref.niigata.lg.jp/toshiseibi/1356774241170.html，2018年3月21日閲覧）を参考．
5）その他の施設としては，新潟県立鳥屋野潟公園野球場「HARD OFF ECOスタジアム新潟」，多目的運動広場，自然生態園がある．新潟県スポーツ公園公式ホームページ「公園マップ・施設案内」（http：//www.niigata-sportspark.jp/aboutus/parkmap.html，2018年3月21日閲覧）を参考．
6）新潟市公式ホームページ「鳥屋野潟南部開発計画　概要」（https：//www.city.niigata.lg.jp/shisei/tokei/kaihatsuseibi/toyanogata/nanbu/gaiyo.html，2018年3月21日閲覧）．
7）新潟市公式ホームページ「（仮称）新潟市アイスアリーナ整備・運営事業」（http：//www.city.niigata.lg.jp/kanko/sport/sport_shisetsu/areana/ice.html，2018年3月21日閲覧）．
8）新潟市公式ホームページ「新潟アサヒアレックスアイスアリーナ」（http：//www.city.niigata.lg.jp/kanko/sport/sport_shisetsu/areana/index.html，2018年3月21日閲覧）．
9）新潟市公式ホームページ「新潟市早起き野球大会」（http：//www.city.niigata.lg.jp/kanko/sport/taikai/hayaokiyakyu/index.html，2018年3月21日閲覧）．
10）新潟市スポーツコミッション公式ホームページ「2．新潟市の主なスポーツイベント」

（http : //www. n-csc. jp/contents/sport/index. html，2018年3月21日閲覧）．
11）新潟市スポーツコミッション公式ホームページ「1. 新潟市のスポーツ」（http : //www. n-csc. jp/contents/sport/index. html，2018年3月21日閲覧）．
12）にいがた未来ビジョンは 2015（平成27）年度から2022（平成34）年度までの8年計画で，基本構想では3つの都市像を示している．それに合わせて8年間の基本計画が立てられ，基本的な政策，土地利用の方向性，区の基本方針などを示している．また，実施計画は，第1次から第4次まで2年ごとに計画されている．
13）基本構想の3つの都市像に合わせて，計11の政策が立てられ，その下位に複数の施策が盛り込まれている．また，その下位に具体的な取組みと，それに対応する主な事業が挙げられている．
14）スポーツ基本法第10条「地方スポーツ推進計画」において，スポーツ基本計画を参酌して，その地方の実情に即した地方スポーツ推進計画を定めるよう努めるものとすると定められている．
15）新潟市文化・スポーツコミッション公式ホームページ「なぜ文化とスポーツ？」（http : //www. n-csc. jp/contents/about/index. html，2018年3月21日閲覧）．
16）新潟市文化・スポーツコミッション実行委員会名簿（平成28年10月26日現在）．
17）「新潟市文化・スポーツコミッション」規約．
18）新潟市文化・スポーツコミッション公式ホームページ「新潟市文化・スポーツコミッションとは」（http : //www. n-csc. jp/contents/about/index. html，2017年9月30日閲覧）．

参考文献

国土交通省（観光庁）［2012］「観光立国推進基本計画」（http : //www. mlit. go. jp/common/000208713. pdf，2018年2月3日閲覧）．
関西経済同友会スポーツ・観光推進委員会［2007］「提言 日本初のスポーツコミッションを大阪に――都市集客と都市マーケティング推進に向けて――」（https : //www. kansaidoyukai. or. jp/wp-content/uploads/2016/09/070509suportskanko_teigen. pdf，2018年2月3日閲覧）．
木田悟・高橋義雄・藤口光紀編［2013］『スポーツで地域を拓く』東京大学出版会．
公益財団法人新潟市芸術文化振興財団［2017］『平成29年度新潟市芸術文化振興財団要覧』

「Ⅳ事業」（http：//www.mmjp.or.jp/nc-acpf/gaiyou/zigyou29.pdf，2018年3月21日閲覧）．

スポーツ・ツーリズム推進連絡会議［2011］「スポーツツーリズム推進基本方針──スポーツで旅を楽しむ国・ニッポン──」（http：//www.mlit.go.jp/common/000160526.pdf，2018年2月3日閲覧）．

内閣府［2015］「地域の経済2015」（http：//www5.cao.go.jp/j-j/cr/cr15/cr15.html，2018年2月3日閲覧）．

内閣府［2016］「地域の経済2016」（http：//www5.cao.go.jp/j-j/cr/cr16/cr16.html，2018年2月3日閲覧）．

新潟市［2012］「マンガ・アニメを活用したまちづくり構想」（https：//www.city.niigata.lg.jp/kanko/bunka/shinko/mangaanime_mati/koso.files/kousou-all.pdf，2018年3月21日閲覧）．

新潟市［2015a］『新潟市スポーツ推進計画　第2次「スポ柳都にいがた」プラン』（https：//www.city.niigata.lg.jp/shisei/seisaku/seisaku/keikaku/kankosports/sportsplan/sportsplan.files/sportsplan.pdf，2016年4月27日閲覧）．

新潟市［2015b］『新潟市総合計画「にいがた未来ビジョン」』（https：//www.city.niigata.lg.jp/shisei/seisaku/seisaku/sogo/miraivision/index.files/zentai.pdf，2017年9月20日閲覧）．

新潟市［2015c］『新潟市まち・ひと・しごと創生総合戦略（平成29年12月最終改訂）』（http：//www.city.niigata.lg.jp/shisei/seisaku/jigyoproject/tihou/sosei/senryaku_jinko.files/1712niigatashi_sougousenryaku.pdf，2018年6月4日閲覧）．

新潟市［2017a］「食文化創造都市にいがた推進計画」（https：//www.city.niigata.lg.jp/shisei/seisaku/seisaku/keikaku/norinsuisan/shokubunka/shokubunka-keikaku.files/all.pdf，2018年3月21日閲覧）

新潟市［2017b］「新潟市文化創造交流都市ビジョン」（https：//www.city.niigata.lg.jp/kanko/bunka/shinko/bunkagyousei/vision.files/vision_all.pdf，2018年3月21日閲覧）．

新潟市［2017c］「新潟市マンガ・アニメを活用したまちづくり構想（第2期）」（http：//www.city.niigata.lg.jp/kanko/bunka/shinko/mangaanime_mati/kousou_2.files/ikkatsu.pdf，2018年6月4日閲覧）．

日本スポーツツーリズム推進機構編［2015］『スポーツツーリズム・ハンドブック』学芸出版社.
堀繁・木田悟・薄井充裕編［2007］『スポーツで地域をつくる』東京大学出版会.
水と土の芸術祭2015実行委員会［2016］「水と土の芸術祭2015事業実施報告書」（http://www.mizu-tsuchi.jp/about/images/2015.pdf，2018年3月21日閲覧）.

ウェブ資料

新潟市「新潟アサヒアレックスアイスアリーナ」（https://www.city.niigata.lg.jp/kanko/sport/areana/index.html，2017年9月30日閲覧）.
新潟市文化・スポーツコミッション「新潟市文化・スポーツコミッションとは」（http://www.n-csc.jp/contents/about/index.html，2017年9月30日閲覧）.

5 sports governance & management
生活に密着したスポーツ環境
―― 野沢温泉村とスキー ――

1. 野沢温泉村の概況

　野沢温泉村は，長野県の北部にある町で新潟県との県境にある町で，村の脇を千曲川が流れている．村名に「温泉」がつくように全国的にも温泉の街として有名で，野沢菜漬けの材料である野沢菜の原種を栽培している地域でもあ

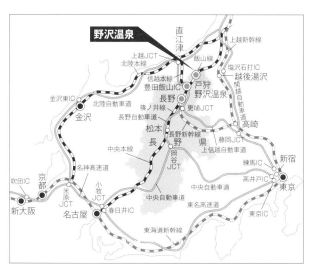

図5-1　野沢温泉村

(出所）野沢温泉村スキー場公式ホームページ（http://www.nozawaski.com/winter/access/, 2018年2月3日閲覧）．

る．人口は3735人（2017年1月1日住民基本台帳）の小さな村で，1953（昭和28）年に豊郷村が野沢温泉村と改称したのち1956（昭和31）年に市川村と合併したあと，現在の野沢温泉村になった．平成の合併時には，隣接市町村との合併話があったようだが，合併はせず村を維持するかたちとなっている．

村内には，鉄道が通っておらず交通の便は悪く，主な最寄り駅はJR飯山線の戸狩野沢温泉駅や飯山駅である．また，関東圏からのアクセスは悪かったが，2015（平成27）年に開通した北陸新幹線の飯山駅から車で30分程度であるため，日帰り圏内となった（図5-1）．また村には小学校が1校と中学校が1校のみで，高校は飯山市等の近隣市町村に通学している．

野沢温泉というように，村には30ほどの源泉があり，13カ所の外湯が存在する[1]．この外湯（源泉）を管理しているのは村ではなく野沢組という組織である．野沢組は村民の自治組織で，代表の惣代（そうだい）を中心として村人の共有財産である山林，水源，温泉を守り，村人の生活全般を支えている．現在は，村長が認可する地縁団体として法人化され，惣代1名と副惣代2名，そして約20名の協議員で構成される．また，総務委員会，文書管理委員会，温泉管理委員会，式典祭事委員会，林野道路委員会，堰委員会，労務委員会の7つの委員会が様々な活動をしている[2]．例えば，組が所持している用水路の管理や，毎年1月15日に開催される日本三大祭りの1つである道祖神祭りの祭礼の取り仕切りなどである．

野沢組のほか一般財団法人野沢会が，税法上の理由から温泉使用料などのお金に関係することを取り扱っている．なお，野沢会は，温泉権に限らず水利権や森林も所有しており，スキー場の地主でもある．

その他，日常生活での外湯の維持，管理は湯仲間と呼ばれる地域住民の団体が担当しており，毎日の掃除，電気料や水道料の負担を行っている．

2. 野沢温泉スキークラブ

　野沢温泉村は，毎年6メートル近くの雪が積もる豪雪地帯である．1911（明治44）年，オーストリア陸軍のレルヒ少佐が，新潟県の高田町（現在の上越市）でスキー技術を伝授したことが近代スキーのルーツとされる．野沢温泉村には，翌年の1912（大正元）年に伝わり，地元中学生がスキーをしている．1923（大正12）年には，野沢温泉スキークラブ（当時は「倶楽部」）が発会した[3]．それまで，冬の村には，近隣から湯治客が来る程度であったが，スキー場ができたことでスキー客が賑わうようになった．特に，クラブがスキー客の集客を行い，学生のスキー合宿の誘致に成功したことで，村は競技スキーのメッカとして徐々に知られていった．1950（昭和25）年，クラブがリフトを建設して経営に関わっていくが，利用客の増加によってスキー場の規模も大きくなったため，1963（昭和38）年，リフトは村に移管されて村営となり，その後の開発は村が主導して行うようになった[4]．

　村営に切り替わる際，クラブは，選手育成や各種大会への選手派遣費用，大会開催の費用などについて村の助成を受けられるようにしたことで，それ以降，積極的に選手育成や強化を図っていくことになる．また，1966（昭和41）年，野沢温泉中学校が，札幌オリンピックの強化指定校に選ばれたことを契機に，クラブはジュニア部門を設立し，一貫した選手育成の基盤を整えた[5]．このような子供から大人までを対象とした一貫指導体制は，日本の競技団体が現在取り組んでいるシステムと同様であり，50年ほど前に既に構築できていたと言える．さらに，1990（平成2）年，村のスキー選手強化育成事業が始まり，クラブ所属選手は，練習環境や経済的な面で支援を受けることができるようになり，競技に全力を傾けることができるようになっていった[6]．

　このような強化育成システムを構築してきた成果として，16人のオリンピック選手を輩出している[7]．村に所縁にある選手を加えると，その数はまだ増え，

市町村の人口比でみると，日本で最も高いオリンピック選手の輩出率であろう．1992（平成4年）年アルベールビル五輪のノルディック複合団体では，河野孝典がクラブ所属選手として初の金メダルを獲得した．河野は，現役引退後，ドイツに留学してコーチの資格を取得し，その後，日本代表コーチを務めているが，留学費用も村とクラブが負担した．その他，1940（昭和15）年に開催予定だった札幌五輪の候補選手に推薦された片桐匡は，1998（平成10）年の長野五輪の招致委員会副会長や日本スキー連盟（SAJ）の副会長を務めたスキー界の重鎮である．子息である片桐幹雄も，オリンピックに2度出場した名選手で，引退後はスキー連盟の競技部長等の要職を歴任している．このように，クラブは，選手の育成強化にとどまらず，日本の競技スキーの発展に多大な貢献をしている．

3. リゾート開発とスキー場

　バブル景気によって経済状況が豊かになり，週休2日制が一般化したことやスキー用品が低価格に購入できるようになったことで，スキー人口は1980年代に入って急激に増加する（**図5-2**）．そのような動向に合わせて，既存スキー場の拡張，新規スキー場の開発，他業種からのスキー産業への参入が増え，さらに高速道路や新幹線等の交通網の整備も急ピッチに進められた．特に，千葉県船橋市の湾岸地区に建てられた室内スキー場のスキーザウスや上越新幹線に専用駅が設置されたガーラ湯沢スキー場は，当時を象徴する施設といえる．

　世の中がバブル景気の真っただ中にあった1987（昭和62）年，総合保養地域整備法，通称リゾート法が制定された．この法律は，国民の余暇活動の充実，地域振興，民間活力導入による内需拡大を目的として制定されたもので，建設される施設は，国の承認のもと，税制面や資金面で優遇措置が受けられた．第1号は，宮崎県の日南海岸リゾート構想であるシーガイアで，スキー場開発に関わる主な基本構想としては，北海道富良野・大雪リゾート地域整備構想のト

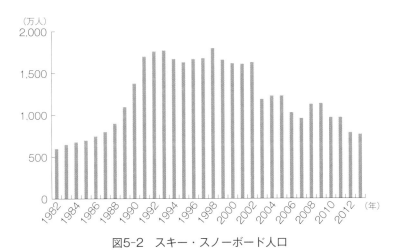

図5-2　スキー・スノーボード人口

(注) 1997年以降はスキーとスノーボードの合計人口．
(出所) 日本生産性本部『レジャー白書2014』．

マムリゾート，会津フレッシュリゾート構想のグランデコホテル＆スキーリゾートなどがあった．しかし，バブルの崩壊と甘い需要見通しによって，全国42の基本構想のうち，施設整備進捗率は4分の1に達することができなかった．整備された施設も，その多くは経営主体の行き詰まりや倒産に追い込まれ，また，環境破壊や地域破壊も引き起こし，負の遺産として残してしまった．

4. 長野県のスキー場の現状

　スキー場のある都道府県は限られているが，そのうちの1つである長野県のスキー場の利用者数は，1992（平成4）年の2119万人をピークにして減少傾向にあったが，2010（平成22）年頃から横ばいに推移し，2016（平成24）年シーズンは661万人であった．また，スキー場の数も1992（平成4）年の110カ所をピークにして減少をたどり，ここ3年ほどは94カ所で推移している（図5-3）．現在，長野県のスキー場の利用者数とスキー場の数はほぼ横ばい状態であるものの，将来の人口減を考えると，現状が続くとは考えづらい．また，スキー場は廃業

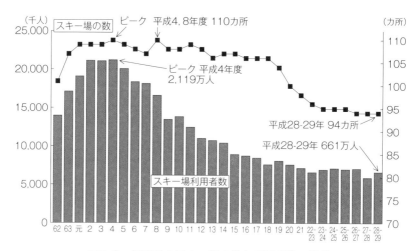

図5-3 長野県のスキー場の数と利用者数の推移

(出所) 長野県「平成28-29年 スキー・スケート場の利用者統計調査について」.

した場合，原状回復をしなければならないことが多いため，赤字経営を続けているスキー場も存在すると予想される．

5. 野沢温泉スキー場の民営化

野沢温泉スキー場は，1991（平成3）年度には49.5億円の売上を記録したが，他のスキー場と同様でその後は急激に減少．1997（平成9）年度に収支が赤字に転落，1999（平成11）年度には累積赤字が19億円まで膨れ上がった[8]．赤字の原因として，スキー場の売上の減少はもちろん，公営企業があげた収益の相当部分が村の一般会計に回される構造になっていたことも挙げられる．

このような状況に対し，村民を中心にして改革の動きが起こる．2000（平成12）年にスキー場経営懇話会が開かれ，2002（平成14）年4月には，一般公募と各種団体推薦等を含めた30名による野沢温泉村観光施設経営健全化研究会が設置され，同年11月に提言書を提出した．また，2003（平成15）年に，村議会議員，野沢組，スキークラブ，観光協会，JA北信州みゆきの代表で構成される野沢

表5-1　野沢温泉スキー場経営検討会による7つの提言

◆ スキー場の資産，負債及び借地権は村が保有し，経営部門は経営会社を組織し，村はスキー場資産を経営会社に貸し付ける上下分離方式とする．
◆ 経営会社の構成は，野澤組，観光団体，スキークラブ，JA北信州みゆき及び野沢温泉村を基本とする．
◆ 経営会社の資本金は，1億円以内とする．
◆ 出資割合は経営参加団体で協議する．
◆ 経営代表者は，村内外を問わず，スキー場経営に意欲及び経営能力の有るものを求める事が必要である．
◆ 経営会社の設立の時については，2005スキーシーズン終了後，速やかに移行できるように準備を進める必要がある．
◆ 経営会社に村は可能な限り支援する必要がある．

（出所）野沢温泉スキー場公式ホームページ「スキー場民営化に係る経緯」(http：//www. nozawaski. sakura. ne. jp/winter/general/keii. php, 2018年2月3日閲覧) より筆者作成．

温泉スキー経営検討会が設置され，翌2004（平成16）年には，経営検討会から7つの提言が出され，村内資本の企業を設立して民営化するという方針が固まった（表5-1）．

　2004（平成16）年8月，出資予定者で構成されるスキー場経営会社設立準備会が設置され，同時期に住民や関係者へ説明するためにスキー場民営化団体説明会とスキー場民営化地区説明会も実施された．また，同年12月には，野沢組とスキークラブのほか，外部の経営と運営の専門家やスノーリゾートに精通するコンサルタントである坂倉海彦で構成される野沢温泉スキー民営化基本構想プロジェクト会議が開催され，翌年の3月に板倉による基本構想の報告会が行われた．さらに，2005年（平成17年）4月に，野沢組，JA，観光協会，旅館組合，民宿組合，宿泊業組合，商工会，スキークラブによるスキー場民営会社設立会議が数回開催され，6月に民営会社設立発起人会が開かれ，7月に株式会社野沢温泉が設立する．そして，2005年シーズンより，村は指定管理者として株式会社野沢温泉にスキー場の運営管理を任せ，民営会社による経営をスタートさせたのであった（表5-2）．

表5-2　野沢温泉スキー場の民営化までの経緯

年	出来事
1991（H3）年度	収益が最高（約49.5億円）
1997（H9）年度	単年度赤字を計上
1999（H11）年度	累積赤字19億円を超える
2000（H12）年　4月	スキー場経営懇話会の開催
2000（H12）年　4月	野沢温泉村観光施設事業経営健全化研究会の設置
2002（H14）年　11月	同研究会提言書の提出
2003（H15）年　8月	野沢温泉スキー場経営検討会の設置
2004（H16）年　8月	同経営検討会提言の提出
2004（H16）年　8月	スキー場経営会社設立準備会の設置
2004（H16）年　11月	スキー場民営化団体説明会の実施
2004（H16）年　11月	スキー場民営化地区説明会の実施
2004（H16）年　12月	スキー場民営化基本構想プロジェクト会議の開催
2005（H17）年　3月	基本構想報告会の開催
2005（H17）年　4月	スキー場民営会社設立会議の開催
2005（H17）年　6月	民営会社設立発起人会の開催
2005（H17）年　7月	株式会社野沢温泉取締役会の実施
2005（H17）年　7月	株式会社野沢温泉の設立

（出所）野沢温泉スキー場公式ホームページ「スキー場民営化に係る経緯」（http://www.nozawaski.sakura.ne.jp/winter/general/keii.php, 2018年2月3日閲覧）及び筑波大学産学連携講座2014勇者の鼓動「地域一体型・一貫型ビジネス――総合型スノーリゾート「㈱野沢温泉」のマネジメント（河野博明（㈱野沢温泉代表取締役社長））――」発表資料より筆者作成.

6. 株式会社野沢温泉の改革と業績推移

　株式会社野沢温泉は，資本金6900万円であるが，株式の約6割を一般財団法人野沢会が，約3割を村が，その他をスキークラブなどの村内の主要団体が保有し，村内資本のみで構成される．組織としては，代表取締役社長にスキークラブ会長であった河野博明が，代表取締役総支配人にスキーリゾート開発の実績をもつ下川晴道が就き，2人の代表制を敷いてのスタートであった．なお，下川は2011（平成23）年度に退任し，河野も2015（平成27）年度に代表から退き，現在は片桐幹雄が代表取締役社長を務めている[9]．

　民営化後，様々な改革を行ったが，その1つが人員整理であった．民営化当初，村職員の出向期間は3年であったが，それを2年に短縮し，早いペースで民間企業としての組織づくりに着手した．また，村営時代の管理職を中心としながら，営業や総務には新人を採用して補強して営業力と本部機能の強化を図った．同時に，社長を中心にして，スキー場に関わる人たちの意識改革も行っていった．バブル期は，黙っていても年間100万人の来場者がいたが，スキーブームは去り，その時代と同じ感覚で経営をしていては来場者の増加は見込めない．そこで，スキー場のスタッフやスキースクールのインストラクターなどのスキー場に直接関わるスタッフはもちろんのこと，商店街，観光協会，村民といった人たちに危機的な状況であることを認識させ，村全体が一体となって顧客を呼び込み，受け入れる体制を構築していったのであった．施設面では，重複するリフトの休止や廃止，利用客の少ないバス区間の廃止等，施設の運営効率化を進める一方，バスターミナルや駐車場の建設，トイレの改修と近代化等，多くの設備投資を実施した．そのほか，全国的にも珍しいスキー場安全条例の制定にも動いた．野沢温泉スキー場は，提供サービスの最大価値をリフトの索道ではなく「安心・安全・快適」としている．そこで，「安心」と「安全」を確立させるため，2010（平成22）年，会社が村に働きかけ，野沢温泉村スキー場安全

条例が制定された．

　村には，個人経営の宿泊施設のみで，全国展開する大規模なホテルや旅館はない．スキー客は，商店街で土産を買い，外湯で温泉に入り，地元の食堂や居酒屋等で飲食を行うことになる．つまり，各々が役割を果たすことで初めてスノーリゾートとして機能する．そのため，スキー場が復活するには村全体が変わらなければならず，まさしくスキー場と村は表裏一体の関係である．

　図5-4は，野沢温泉スキー場の来場者数を示したものである．2005（平成17）年が民営化の年にあたるが，近年の来場者数は下げ止まっていることが読み取れる．また，民営化後の収支が，表5-3である．施設所有者の野沢温泉村に施設使用料を支払いながらも，各年度とも営業利益を確保し，2005（平成17）年度と2010（平成22）年度以外は純利益も計上している．村営時代の負債も全て完済しており，2016（平成28）年度からは，夏場の利用者を増やすため，人工芝ゲレンデ等を含むスポーツ公園整備に着手，さらに2020（平成32）年頃をめどに，リフトとゴンドラの架け替え計画も予定している．

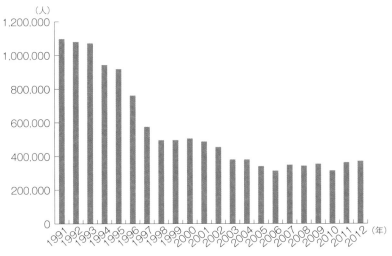

図5-4　野沢温泉スキー場の来場者数の推移

（出所）筑波大学産学連携講座2014勇者の鼓動「地域一体型・一貫型ビジネス──総合型スノーリゾート「㈱野沢温泉」のマネジメント（河野博明（㈱野沢温泉代表取締役社長））──」発表資料より筆者作成．

表5-3　株式会社野沢温泉の収支の推移

年度	売上高	営業利益	純利益	施設使用料
2005（H17）年度	1,178,000	340	△150	735,000
2006（H18）年度	1,205,200	1,470	1,720	465,000
2007（H19）年度	1,359,300	3,420	1,250	530,000
2008（H20）年度	1,320,700	11,460	6,520	460,000
2009（H21）年度	1,297,800	8,680	5,050	420,000
2010（H22）年度	1,144,300	750	△7,160	330,000
2011（H23）年度	1,336,100	35,490	12,020	403,000
2012（H24）年度	1,360,200	15,770	3,300	400,000

（出所）筑波大学産学連携講座2014勇者の鼓動「地域一体型・一貫型ビジネス――総合型スノーリゾート「㈱野沢温泉」のマネジメント（河野博明（㈱野沢温泉代表取締役社長））――」発表資料より筆者作成.

7. 次世代への取組み
―― 野沢温泉学園（保・小・中の一貫教育）――

　村には高校がないため，子どもたちは義務教育が終わると村外に出なければならない．しかし，そのスケールメリットの小ささを生かして，2013（平成25）年，保育園から中学校までの12年間を中心にした一貫教育制度である野沢温泉学園をスタートさせた（図5-5）．実際には，施設や職員体制が1つの組織になったわけではないが，「教育目標や願う子ども像，教育内容や指導方法，配慮事項，子どもたちの様子等々の情報を共有し，同じ思いで子どもたちを見守り，一貫した指導体制のもとに保育や教育活動」[10]を行うことを目的として，その総称としてつけられた．

　姉妹都市であるオーストリアのサンクト・アントン村とは毎年相互に訪問交流が行われ，中学生には海外体験活動を通して世界に視野を広げる機会を設けているが，それに加えて，より世界に視野を広げると共に豊かな国際感覚を備えた子どもの育成を目指して，教育課程特例校として英語学習の導入が行われ

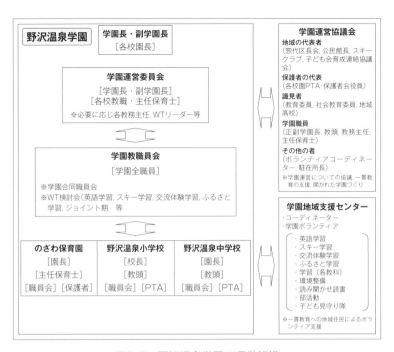

図5-5　野沢温泉学園の運営組織

(出所) 野沢温泉村教育委員会公式ホームページ (http://www.vill.nozawaonsen.nagano.jp/living/ikkankyouiku.pdf, 2018年2月3日閲覧).

ている．また，村にとっては切っても切り離せないスキーを学園の技，つまり「園技」として位置づけ，教育課程にスキー科を設置した．そのほか，交流体験学習として，学園内での保育園，小学校，中学校の相互交流，村民との交流，他地域や世界との交流の3つの取組みを推進している．特に，他地域との交流として，小学6年生では東京都の稲城市と，中学1年生では千葉県の御宿町と実施し，サンクト・アントン村には，22年間で延べ164名の子供たちが訪問している．一方，村外との交流ばかりだけではなく，各地域の例祭や道祖神祭り，野沢温泉，野沢菜，スキー等といった自分の育った地域の特色や歴史を学ぶ，ふるさと学習も積極的に進めている．

おわりに

　本章では，野沢温泉村の取組みを見てきた．野沢温泉は3600人程の小さな村であるが，村には100倍あまりのスキー客が足を運んでいる．その要因を探ると，地域の資源である「環境」と「人」を最大限に活用していることに尽きる．

　野沢組と野沢会が，村の山林，水源，温泉の権利を保有し，湯仲間に代表される自治組織が，実際の維持や管理を行っている．同じように，村がスキー場を所有し，村内の資本100％で構成される株式会社野沢温泉が指定管理を受けて経営している．このように，「環境」の所有者と運営者を分離することで，時代に合わせた管理や経営ができている．そのおかげもあり，村民の共有財産は大手企業や外資企業の手に渡ることなく，村は村民の意思とスピードで発展してきたと考えられる．

　また，人口が少ないメリットを生かして，教育改革で一貫教育制度を構築した．これらは，長期的スパンでの取組みであり，目に見える成果や効果が表れるかは未知数である．しかし，このような未来の「人」に投資する思い切った教育改革を行い，自らの力で現状を打開しようとする試みには，スキークラブの発展やスキー場の民営化にも表れた村を守ろうとする村民の思いやプライドが見て取れる．

　村民の生活環境とスキー場（＝スポーツ環境）を守りつつ，さらに教育による郷土愛の醸成によって，双方の環境を高めようと試みる野沢温泉村は，スポーツによる地域活性を考えていく上で，非常に参考にすべき事例になるだろう．

注

1）野沢温泉観光協会公式ホームページ「温泉の歴史」(http：//www. nozawakanko. jp/spa/rekisi. php，2018年3月21日閲覧)．
2）総務委員会は，正副惣代経験者で構成され，惣代を援助し組運営の全般を担当．文書

管理委員会は，惣代の文書蔵（郷蔵）に長年保存されている古文書の管理・研究．温泉管理委員会は，野沢組所有の温泉源の管理運営，共同浴場の管理支援．式典祭事委員会は，湯沢神社，三峰神社，健命寺等の社寺に関すること，また，灯籠祭り，道祖神祭り等の祭りの運営や執行．林野道路委員会は，野沢組が所有する山林原野の管理，道路に関する業務．堰委員会は，堰，用水の管理，近隣各区との用水の問題を担当．労務委員会は，野沢組各区長と連携した共同作業を所管．

3）野沢温泉スキー場公式ホームページ「野沢温泉スキー場の歴史」(http://www.nozawaski.com/winter/general/，2018年3月21日閲覧)．

4）野沢温泉スキー場公式ホームページ「野沢温泉スキー場の歴史」(http://www.nozawaski.com/winter/general/，2018年3月21日閲覧)．

5）野沢温泉スキー場公式ホームページ「野沢温泉スキー場の歴史」(http://www.nozawaski.com/winter/general/，2018年3月21日閲覧)．

6）野沢温泉スキー場公式ホームページ「野沢温泉スキー場の歴史」(http://www.nozawaski.com/winter/general/，2018年3月21日閲覧)．

7）野沢温泉スキー場公式ホームページ「野沢温泉出身の名選手」(http://www.nozawaski.com/winter/general/，2018年3月21日閲覧)．

8）筑波大学産学連携講座2014勇者の鼓動「地域一体型・一貫型ビジネス——総合型スノーリゾート「㈱野沢温泉」のマネジメント（河野博明（株)野沢温泉代表取締役社長))——」発表資料．

9）筑波大学産学連携講座2014勇者の鼓動「地域一体型・一貫型ビジネス——総合型スノーリゾート「㈱野沢温泉」のマネジメント（河野博明（株)野沢温泉代表取締役社長))——」発表資料．

10）野沢温泉村教育委員会「野沢温泉村保小中一貫教育・高校連携教育」2013．

参考文献

板倉海彦［2015］「スノーリゾートにおける需要の平準化へ向けて——現状と今後の課題——」『観光文化』39（4）．

ウィンターレジャー普及促進協議会編［2012］『ウィンターレジャー白書 2012』ウィンターレジャー普及促進協議会．

狩野美知子・大脇史恵［2015］「野沢温泉村観光ヒアリング調査報告」『地域研究』6.
河西邦人［2006］「公営スキー場の経営再生」『札幌学院商経論集』23（1）.
関西経済同友会スポーツ・観光推進委員会［2007］「提言 日本初のスポーツコミッションを大阪に――都市集客と都市マーケティング推進に向けて――」（https：//www.kansaidoyukai.or.jp/wp-content/uploads/2016/09/070509suportskanko_teigen.pdf, 2018年2月3日閲覧）.
木田悟・髙橋義雄・藤口光紀編［2013］『スポーツで地域を拓く』東京大学出版会.
国土交通省（観光庁）［2012］「観光立国推進基本計画」（http://www.mlit.go.jp/common/000208713.pdf, 2018年2月3日閲覧）.
国土交通省（観光庁）［2015a］「スノーリゾート地域の現状」（http://www.mlit.go.jp/common/001083645.pdf, 2018年2月3日閲覧）.
国土交通省（観光庁）［2015b］「国内外取組み事例の紹介」（http://www.mlit.go.jp/common/001083653.pdf, 2018年2月3日閲覧）.
佐藤由夫［2006］「スキー場産業に関する動向調査」, 社会経済生産性本部『余暇産業の部門別動向調査』.
白坂蕃［1976］「野沢温泉村におけるスキー場の立地と発展――日本におけるスキー場の地理学的研究第1報――」『地理学評論』49（6）.
スポーツ・ツーリズム推進連絡会議［2011］「スポーツツーリズム推進基本方針――スポーツで旅を楽しむ国・ニッポン――」（http://www.mlit.go.jp/common/000160526.pdf, 2018年2月3日閲覧）.
スノーリゾート地域の活性化に向けた検討会「最終報告～世界に誇れるスノーリゾートを目指して～」（http://www.mlit.go.jp/kankocho/shisaku/kankochi/snowresort-kentou.html, 2018年2月3日閲覧）.
日本スポーツツーリズム推進機構編［2015］『スポーツツーリズム・ハンドブック』学芸出版社.
堀繁・木田悟・薄井充裕編［2007］『スポーツで地域をつくる』東京大学出版会.
ミツカン水の文化センター機関誌編集部［2006］「野沢温泉村の湯仲間と野沢組」『水の文化』22.

野沢温泉村スキー場安全条例

(目的)
第1条　この条例は，野沢温泉村区域内にあるスキー場（以下「スキー場」という．）におけるスキー場利用者（以下「スキーヤー」という．），野沢温泉村（以下「村」という．）及び野沢温泉村公営企業の設置等に関する条例（昭和43年条例第1号）第10条第1項により指定を受けた者（以下「指定管理者」という．）の責務を明確にし，スキー場内における事故を防止するとともに，スノースポーツをより安全で楽しいものにすることを目的とする．

(遵守義務)
第2条　スキーヤー，村及び指定管理者は，法令及び本条例に定めるもののほか，国際スキー連盟が定めたウインタースポーツセンターの安全ガイドライン及び全国スキー安全対策協議会が定めた国内スキー等安全基準（以下「本条例等」という．）を遵守しなければならない．

(雪上スポーツの特質)
第3条　スキー，スノーボードに代表される雪上滑走用具の全ては，冬山の地勢を利用した高度の危険を内包したスポーツであり，スキーヤーは様々な気象条件のもとで斜面，雪質，コースの変化，混雑状況等に自己の技量，技術を対応させ，スピード，進行方向をコントロールしながら滑走し，自己及び他のスキーヤーの安全に対して責任を自覚し，自己責任のもとに行われるスポーツでなければならない．

(スキーヤーの責務)
第4条　スキーヤーは，常に自己及び他のスキーヤーの安全に対し責任を自覚し，かつ安全を確保しなければならない．
2　スキーヤーは指定管理者が定めた安全対策を遵守するとともに，スキー場職員及びパトロール隊員の指示に従って行動しなければならない．
3　スキーヤーはリフト搭乗にあたり，リフト乗り場に掲示してある注意事項及び運営管理規則を遵守しなければならない．

（スキースクール及びスキークラブの責務）
第5条　スキースクール及びスキークラブ（以下「スキースクール」という．）は本条例等が円滑に実施できるよう，協力しなければならない．
2　スキースクールは，職員及び指導員のほか，スキースクールに入校した生徒に本条例等を遵守させなければならない．

（競技者の責務）
第6条　競技者は，滑走タイムや技術を追求することから，競技を行っていないゲレンデを滑走する場合は，他のスキーヤーに恐怖を与える滑走をしてはならない．

（村の責務）
第7条　村長は，スキー場区域を定めなければならない．
2　村長は，スキー場の安全対策を推進するため，野沢温泉村スキー場安全対策委員会を設置しなければならない．

（指定管理者の責務）
第8条　指定管理者は，第7条第1項に定めるスキー場区域内において，スキーヤーを保護するために必要な安全対策を講じなければならない．
2　指定管理者は，索道運行に当たり本条例等を遵守するとともに，国土交通省の監督及び指導に従わなければならない．

（雪上車管理者及び雪上車運転者の責務）
第9条　雪面整備車，スノーモービル，雪上運搬車，除雪車（以下「雪上車」という．）の管理者及び運転者は，雪上車の稼働に当たり，本条例等及び野沢温泉スキー場雪上走行車安全運転協会が定める野沢温泉スキー場区域内雪上走行車運転許可要綱を遵守し，安全に配慮しなければならない．

（入場の禁止等）
第10条　指定管理者は，スキー場の秩序を乱し，若しくは乱すおそれがあるスキーヤーの入場を禁止し，又はその者に対し，スキー場からの退去を命じ，若しくはスキー場施設の使用を拒否することができる．

（捜索救助費用の弁償）
第11条　スキーヤーは，第7条第1項に定められたスキー場区域に属さない区域において発生した事故により捜索救助を受けた場合は，その費用を指定管理者に弁償しなければならない．

（環境と景観保全の義務）
第12条　スキーヤー，村及び指定管理者は，自分達が恩恵を受けている環境と景観を次代に残すため，その保全に努めなければならない．

（事故等の通報及び援助義務）
第13条　第7条第1項に定めるスキー場区域において発生した事故の当事者，発見者及び目撃者（以下「事故の当事者」という．）は，パトロール隊員に事故の状況を正確に伝えるとともに，けが人を援助しなければならない．
2　事故の当事者は，自己の所在を告げなければならない．

（補則）
第14条　この条例に定めるもののほか，この条例の施行に関し必要な事項は，村長が別に定める．

附則
この条例は，平成22年12月1日から施行する．

おわりに

　米国カリフォルニア州にあるスタンフォード大学へ，2017年7月10日に研究視察調査で訪問してきた．「東のハーバードと西のスタンフォード」と言われる米国が誇る名門大学である．敷地面積は，甲子園球場約830個分という世界で2番目の広さを誇る（モスクワ大学が世界1位）．アメリカンフットボール専用スタジアムやバスケットボール専用アリーナはもとより，全米大学で唯一保有するホッケー専用グランドや3年前に完成した4面のビーチバレー場，18ホールのゴルフ場も完備されている．まさに圧巻のスポーツ施設だ．また，広いだけではなく，世界3大パイプオルガンの一つを備える教会やロダンの弟子が作成した彫刻もキャンパス内にある．全米No.1の医療施設と言われている大学病院も敷設されている．全米大学の中で唯一パフォーマンスとメディシンがガラス1枚で一体化しているArrillaga Family Sports Centerもある．センター内の売店における選手の飲食は無料であるが，栄養士が管理しているそうだ．ピラティス専用のコーチもいるという．

Arrillaga Family Sports Center

　そんな広大な施設を廻るのに最適なのが，カートだ！スタンフォード大学関係者のご厚意により，駆動させてもらった．歩いて廻っていたらどうなっていたことやらぁ……．

　スタンフォード大学ではアスレチックデパートメントが大学スポーツを推進しており，運営費の一部は自力で資金調達をしている．当該組織のトップには，

大学スポーツのビジョンを持って、マーケティング、デベロップメント、チケット・グッズのセールス、ファシリティ管理、トレード、リクルーティング、広報、ガバニングボードとの交渉等の全てをマネジメントできる能力を有する者を配置している。

スタンフォード大学のグッズストア

しかし、スタンフォード大学では、大学スポーツの振興を教育面と切り分けて収益をあげることを目標にしているのではない。学業との両立を重視し、卒業後に社会に発信力を持つ人材の育成を使命としながら、経営収益を上げて大学スポーツを活性化させているのである。

スタンフォード大学内の施設には、SAPの社長が38億円寄付した創設されたデザインセンターや、ネットスケープの創始者であるジムクラークが200億円寄付した医工連携のスケルトンビル"BIO X"などがある。BIO Xの建築デザインは、生み出すという意味で上空から見ると子宮の形をしている。今も90件の技術で70億円稼ぐそうだ。

翻って、日本は1980年代に半導体で世界を席巻すると、米国に特許係争を仕掛けられ衰退の一因となった。デジタル家電では各社が特許出願数を競ったが、特許の成立後に公開された情報を吟味して技術を磨く中国や韓国勢に追い越されてしまった。技術の防衛や流出への意識が低かったのだ。

自社や他社の知財を分析して将来の事業環境を予測し、どの分野ならば自社の強みを発揮できるかを探る「IP（知財）ランドスケープ」と呼ばれる手法が重要である。そのために、研究開発の初期段階から、何の特許を取得し、秘匿するかを判断するか決定しなければならない。米国のアップルは、スマートフォンの中核技術を囲い込む一方で、製品を安く作るための知財は中国などの生産

委託先に公開している．米国のグーグルも検索エンジンの中身を明かさず，スマートフォン向けの基本ソフト（OS）を開放している．稼げるビジネスモデルを構築するため上手く知財を使いこなしている．今回の研究調査期間中，シリコンバレーにあるグーグル本社にも立ち寄って施設を見学させてもらっていたが，広大なキャンパスと呼ばれる敷地と滑り台をなどの器具を含めた開放的なワークスタイルに感銘を受けた．

「シリコンバレーの父」と呼ばれるフレデリック・ターマン教授は，スタンフォードの卒業生の多くが就職先を求めてこの地域を離れ，東海岸に移ってしまう当時の状況を危惧していた．そこで教授は学生たちに，大学の周辺で自ら事業を起こすことを奨めるようになったという．

有力教育誌や専門機関が発表する世界の大学ランキングによると，日本から上位100校に入るのは東京大学や京都大学などの数校だけである．因みに，スタンフォード大学は上位5校に入っている．中国やシンガポールの大学は急伸しているのに比べ，日本の大学は外国人教員や留学生が少ないなど国際化の遅れが目立つ．2013年の政府の成長戦略には，「今後10年以内に世界の大学ランキング上位100校に日本から10校以上が入る」と盛り込まれ，文部科学省は国際化の重点校を選定している．しかし，官の支援頼みでは実効性に疑問が残る．大学が自ら将来像を描き実践していく必要がある．

日本の大学は伝統的にゼミや卒業研究があり，ディスカッションや実験を通じて失敗を経験させ，自然と学生が思考する仕組みがあった．ただし，教員の能力（職人的気質）に依存しており，教員により能力差が大きい．

椅子に座って教員が一方的に話す内容をひたすらノートに取ることは楽だが，それでよいのだろうか．自発的に学ぶ学力をつけていなければ社会に出てから自分の力で何かに取り組むことにはつながらない．

就職活動においても，安定さを失いつつある社会の中で自分自身に市場価値をつけて這い上がっていく必要が出てくる．就職活動というのは，そういうこ

とに学生が気づくことであり，多様な価値観を持つ若者を大人や企業がよりサポートするべきである．学生には自らのキャリアをビジュアル化し，どのような進路を選べば成長できるかを考えてほしい．

　末永くスポーツ科学の発展を培うシリーズになることを祈念する！

　　2018年6月2日　米国ニューヨーク・フロリダ出張への渡航前に

相 原 正 道

《執筆者紹介》

相原正道（あいはら　まさみち）[はじめに，第1章，おわりに]

1971年生まれ．筑波大学大学院体育科学研究科スポーツ健康システム・マネジメント専攻修了．現在，大阪経済大学人間科学部教授．

主要業績

『ロハス・マーケティングのスヽメ』木楽舎，2006年．『携帯から金をつくる』ダイヤモンド社，2007年．『現代スポーツのエッセンス』晃洋書房，2016年．『多角化視点で学ぶオリンピック・パラリンピック』晃洋書房，2017年．

上田滋夢（うえだ　じむ）[第2章]

1965年生まれ．京都教育大学大学院教育学研究科修了．修士（教育学）．
現在，追手門学院大学社会学部教授，同大学院現代社会文化研究科教授．

主要業績

『図とイラストで学ぶ新しいスポーツマネジメント』（共著），大修館書店，2016年．『スポーツ戦略論』（編著），大修館書店，2017年．『大学スポーツの新展開——日本版NCAA創設と関西からの挑戦——』（編著），晃洋書房，2018年．

武田丈太郎（たけだ　じょうたろう）[第3章，第4章，第5章]

1980年生まれ．筑波大学大学院人間総合科学研究科一貫制博士課程単位取得後退学．
現在，新潟医療福祉大学健康科学部講師．

主要業績

『スポーツ政策論』（共著），成文堂，2011年．『詳解スポーツ基本法』（共著），成文堂，2011年．『標準テキスト　スポーツ法学』（共著），エイデル研究所，2016年．

スポーツガバナンスとマネジメント

| 2018年8月10日　初版第1刷発行 | ＊定価はカバーに表示してあります |

著者の了解により検印省略	著　者	相　原　正　道
		上　田　滋　夢 ⓒ
		武　田　丈太郎
	発行者	植　田　　　実
	印刷者	出　口　隆　弘

発行所　株式会社　晃　洋　書　房

〒615-0026　京都市右京区西院北矢掛町7番地
電　話　075(312)0788番代
振替口座　01040-6-32280

装丁　野田和浩　　　　印刷・製本　㈱エクシート

ISBN978-4-7710-3077-0

JCOPY　〈(社)出版者著作権管理機構委託出版物〉
本書の無断複写は著作権法上での例外を除き禁じられています。複写される場合は、そのつど事前に、(社)出版者著作権管理機構(電話 03-3513-6969, FAX 03-3513-6979, e-mail: info@jcopy.or.jp)の許諾を得てください。

相原正道 著 **多角化視点で学ぶオリンピック・パラリンピック**	A 5 判 216頁 2,500円（税別）
相原正道 著 **現代スポーツのエッセンス**	四六判 220頁 2,500円（税別）
菊本智之 編著／前林清和・上谷聡子 著 **スポーツの思想**	A 5 判 168頁 2,200円（税別）
一般社団法人アリーナスポーツ協議会 監修／大学スポーツコンソーシアムKANSAI 編 **ASC叢書1　大学スポーツの新展開** ──日本版NCAA創設と関西からの挑戦──	A 5 判 214頁 2,400円（税別）
川上祐司 著 **メジャーリーグの現場に学ぶビジネス戦略** ──マーケティング，スポンサーシップ，ツーリズムへの展開──	四六判 184頁 1,900円（税別）
二杉　茂 著 **コーチのミッション**	四六判 214頁 1,900円（税別）
関　めぐみ 著 **〈女子マネ〉のエスノグラフィー** ──大学運動部における男同士の絆と性差別──	A 5 判 236頁 4,600円（税別）
クラウディア・パヴレンカ 編著／藤井政則 訳 **スポーツ倫理学の射程** ──ドーピングからフェアネスへ──	A 5 判 238頁 3,800円（税別）

━━━ 晃　洋　書　房 ━━━